时代印记

王志艳◎编著

寻找

李时珍

延边大学出版社

图书在版编目（CIP）数据

寻找李时珍 / 王志艳编著 . —延吉 : 延边大学出版社，2013.8(2020.7 重印)

ISBN 978-7-5634-5905-6

Ⅰ. ①寻… Ⅱ . ①王… Ⅲ . ①李时珍（1518 ~ 1593）—生平事迹—青年读物②李时珍（1518 ~ 1593）—生平事迹—少年读物 Ⅳ . ① K826.2-49

中国版本图书馆 CIP 数据核字 (2013) 第 209677 号

寻找李时珍

编著：王志艳
责任编辑：李 宁
封面设计：映像视觉
出版发行：延边大学出版社
社址：吉林省延吉市公园路 977 号 邮编：133002
电话：0433-2732435 传真：0433-2732434
网址：http://www.ydcbs.com
印刷：唐山新苑印务有限公司
开本：690×960 1/16
印张：11 印张
字数：100 千字
版次：2013 年 8 月第 1 版
印次：2020 年 7 月第 3 次印刷
书号：ISBN 978-7-5634-5905-6
定价：29.80 元

前言

历史发展的每一个时代，都会有对后世产生巨大影响的人物，都会有推动我们前进的力量。这些曾经创造历史、影响时代的英雄，或以其深邃的思想推动了世界文明的进步，或以其叱咤风云的政治生涯影响了历史的进程，或以其在自然科学领域中的巨大成就为人类造福……

总之，他们在每个时代都留下了深深的印记，烙上了特定的记号。因为他们，历史的车轮才会不断前进；因为他们，每个时代的内容才会更加精彩。他们，已经成为历史长河的风向标，成为一个时代的闪光点，引领着我们后人走向更加深邃的精神世界和更加精彩的物质世界。

今天，当我们站在一个新的纪元回眸过去的时候，我们不能不提起他们的名字，因为是他们改变了我们的世界，改变了人类历史的发展格局。了解他们的生平、经历、思想、智慧，以及他们的人格魅力，也必然会对我们的人生产生深刻的影响。

为了能了解并铭记这些为人类历史发展做出过巨大贡献的人物，经过长时间的遴选，我们精选出一些最具影响力、最能代表时代发展与进步的人物，编成这套《时代印记》系列丛书，其宗旨是：期望通过这套青少年乐于、易于接受的传记形式的丛书，对青少年读者的成长产生潜移默化的影响，使他们能够从中吸取到有益的精神元素，立志奋进，为祖国、为人类作出自己的贡献。

前言

　　本套丛书写作角度新颖，它不是简单地堆砌有关名人的材料，而是精选了他们一生当中最富有代表性的事迹与思想贡献，以点带面，折射出他们充满传奇的人生经历和各具特点的鲜明个性，从而帮助我们更加透彻地了解每一位人物的人生经历及当时的历史背景，丰富我们的生活阅历与知识。

　　通过阅读这套丛书，我们可以结识到许多伟大的人物。与这些伟人"交往"，也会进一步提高我们的思想品格与道德修养，并以这些伟人的典范品行来衡量自己的行为，激励自己不断去追求更加理想的目标。

　　此外，书中还穿插了许多与这些著名人物相关的小知识、小故事等。这些内容语言简练，趣味性强，既能活跃版面，又能开阔青少年的阅读视野，同时还可作为青少年读者学习中的课外积累和写作素材。

　　我们相信，阅读本套丛书后，青少年朋友们一定可以更加真切、透彻地了解这些伟大人物在每个时代所留下的深刻印记，并从中汲取丰富的人生经验，立志成才。

导 言

Introduction

　　李时珍（1518—1593），字东璧，号濒湖，晚年自号濒湖山人。湖北蕲州（今湖北省黄冈市蕲春县蕲州镇）人。我国明代杰出的医学家，卓越的药物学家，也是世界历史上一位伟大的自然科学家。他所编写的《本草纲目》一书，总结了16世纪以前我国人民丰富的药物学知识，不仅有力地推动了中国医药学的发展，也为人类科学事业的进步做出了巨大贡献。因此，中国人民骄傲地称他为"医中之圣"，他的著作《本草纲目》也被人们誉为"中国古代的百科全书""东方医学的巨典"。

　　李时珍出身于医学世家，由于家庭环境的熏陶，从小就对医药学产生了浓厚的兴趣。但在封建社会里，医生社会地位低下，为一般士大夫所瞧不起，为此，少年时期的李时珍不得不遵从父命，刻苦学习八股文，意欲走科举致仕的道路。他14岁时考中秀才，但后来三次参加乡试，均名落孙山，自此便断然放弃科举而从事他所酷爱的医学道路。

　　李时珍行医以后，一方面努力学习，继承父辈和前人的医疗经验，热心为当地百姓解除病痛，一方面如饥似渴地攻读前人留下的医药学书籍，医学理论和医疗技术均得到很大提高，在短短的几年中便声名鹊起。为此，楚王府召聘他为"奉祠正"，并掌管"良医所"的事务，后来又被推荐到北京太医院。在太医院供职一年多后，李时珍认为在那里不能实现自己的抱负，便托病辞归故里。

　　在长期的医疗实践中，李时珍发现以往的本草书中存在着不少错误，便立志重修一部新的本草书。经过近30年的艰辛努力，他终于编成了《本草纲目》这样一部划时代的药物学巨著，在医学界产生了深远的影响。

李时珍一生以治病救人为己任，医术精湛，医德高尚，成绩斐然，赢得了我国人民和世界人民的崇敬。400多年来，人民一直纪念他、学习他、研究他。他的名字和宏伟业绩，也将永远载入史册，与世长存。

本书从李时珍的少年生活开始写起，一直追溯到他立志从医，重修本草，并最终为人类留下《本草纲目》这一伟大巨著的不平凡人生，旨在让广大青少年朋友了解这位明代著名医药学家曲折而卓越的人生历程，以及他那种追求真理、刻苦钻研，为理想坚持不懈的崇高品质，同时也让我们对其所编撰的经典药学著作《本草纲目》进行一定的认识与了解。

目 录

contents

第一章　医学天赋

百病必先治其本，后治其标。

——（明）李时珍

（一）

在湖北省蕲春县境内，莽莽苍苍的长江在这里突然卷起巨大的漩涡，蓦地拐了一个大弯，两岸青山隐隐，绿树<u>丛丛</u>。在长江的南岸，一座凌空削立的奇峰峻峭无比，格外引人注目；长江北岸，良田万顷，一片青葱，景色宜人。

在绿林掩映的江湾北岸，有一座古老的集镇，这就是素来以生产蕲蛇、蕲艾等名贵药材著称的蕲州镇。

蕲州历史悠久，富有盛名，历代都是州郡治所，而且政治、经济、文化都极为发达。远在春秋战国时期，这里还曾是蕲国的都城。

秦国统一六国后，蕲州改名为南郡，汉初设立蕲春，一度还称蕲阳，北齐时设州。后来经过唐宋600多年的历史，仍然沿用其名。

到了元朝初期，蕲州又改制为蕲州路，属河南行省淮西江北道。

明朝洪武元年（1368），蕲州又改路为府，统领五县，黄梅、广济、蕲水、罗田为其外领。洪武九年（1376），又从府治改为州治。

明英宗朱祁镇正统十年（1445），蕲州的府衙地位突然发生变化，荆王朱瞻堈将王府迁到蕲州。王府的迁移让蕲州获得了一次发展的机会。

朱瞻堈是明仁宗朱高炽的第六个儿子，藩地原在江西建昌（今江西省南城县），因蟒蛇经常出入王府，于是向朝廷提出迁址。其实，朱瞻堈迁往蕲州的真正原因是看上了蕲州的"麟阁江山"。

迁到蕲州后，朱瞻堈在此开藩设府，设置学宫、书院等，还有管辖鄂、豫、皖、赣数十城的下江防道和统兵五千的蕲州卫，也在蕲州建署扎营，成为当时长江中游政治、军事、经济、文化的中心。

同时，蕲州还是一个名医辈出的地方，宋代的医学家庞安时，明代医学家万密斋及我们本书的主人公、伟大的医学家李时珍，以及清朝的杨际泰等，都出生于这一带，并都有医学著作流传后世。

庞安时，字安常，出生于世医家庭，自幼聪明过人，读书过目不忘，后来刻苦钻研医学，为人治病十愈八九，其流传下来的著作有《难经解》《本草补遗》《伤寒总病论》等。

万全，字密斋，与李时珍同时代。他也生于世医之家，官场不得志，遂潜心研究医学，对妇科、儿科等造诣颇深，有十余种著作流传于世，且被翻译、传播到国外。

杨际泰，清代著名的医学家，其世祖杨广封地属广济县（今武穴市），与蕲春县毗邻。杨际泰子承父业，成为一代名医，享誉鄂东数县及长江中游一代，著有《医学集述》十一卷传世。

清代光绪八年所编的《蕲州志·方技》中写道：

> 蕲人通医者，自方脉以外，他技无闻。陈子谓：不知医者为不孝，盖技也，进于道矣。仰濒湖、鹿门，诸前辈指授渊源，得者与志方技。

由此可以看出，蕲州人非常遵义重道。其中，明朝部分共介绍了5位杰出的人物，都是名医。我国杰出的医药学家李时珍就是其中的一位。

（二）

李时珍的老家名叫瓦硝坝，就坐落在蕲州东门外不到2千米的地方。这里丘陵起伏，层峦叠嶂，到处都是茂林修竹；南望烟波浩渺的长江，滚滚东流，甚为壮观；西面濒临水波潋滟的雨湖，湖光山色相映，风景格外秀丽。

1518年（明正德十三年），伟大的医药学家李时珍就诞生在这个景色如画的乡村里。这里的山山水水，曾经哺育着他成长；这里的一草一木，都曾成为他观察研究的对象；这里的田园山野，无处不留下他的足迹。至今在当地的群众中间，还流传着许多赞颂李时珍当年热忱抢救贫苦患者的感人故事。

李时珍，字东壁，号濒湖。通常古人都是有"名"有"字"的，即所谓的"幼名冠字"。小时候取一个名字，男子满20岁时还要举行加冠仪式，正式戴上成年人的帽子，这时就要另外取一个名，便称为"字"。"字"之外再取名，就叫做"号"了。

从李时珍的号"濒湖"里，就可以看出李时珍对自己家乡的无比热爱。他喜欢蕲州一带的风光，更热爱澄澈美丽的雨湖。中年以后，李时珍还干脆迁居到雨湖北岸的红花园，在那里筑起新居，题名为"蒿所馆"，直到1593年他去世以前，都一直定居在这里。

李时珍出生在一个世代从医的家庭，他的祖父是一个走乡串户的医生，当时叫做"铃医"，虽然社会地位不高，但为人诚实厚道，任劳

任怨地为贫苦百姓采药治病。

他的父亲李言闻，字子郁，号月池，继承乃父笃厚仁义的优良品德，非常乐于助人，左邻右舍，前后村庄，谁家有困难，他都热情帮忙，并以高尚的医德、精湛的医术而名闻乡里，声望颇高。

李言闻早年曾攻读经史，与大多数旧社会的知识分子一样，准备走科举致仕的道路，但他一生都仕途失意，直到晚年才被选为贡生，后来又被推荐为明朝太医院的吏目，做过皇家的宫廷医生。

李言闻还勤于著述，在繁忙的诊务之余，写了《四诊发明》《医学八脉法》《痘诊证治》《人参传》《蕲艾传》等医书，这无疑对李时珍产生了潜移默化的影响。只可惜这些著述后来都失传，只有《四诊发明》的部分内容保存在李时珍的《濒湖脉学》中。

当时的社会，行医治病并不被世人所看重，读书应考、科举取仕才是显耀门庭、光宗耀祖的大事。八股文做好了，取得了功名，当了官，世人就会另眼相看，社会地位也高人一等。

作为一个父亲，李言闻自然也希望李时珍长大后能够取得功名，受到社会的重用。李时珍虽然从小体弱多病，但十分聪明，因而也深得父亲李言闻的喜爱。于是，李言闻决定让李时珍的哥哥李果珍继承家业，继续行医，而让李时珍学习《三字经》《千字文》《弟子规》一类的东西，希望他将来能科举取仕，成就功名。

（三）

幼年时期的李时珍，身体羸弱，经常饱受病痛的折磨；并且由于他出身于中医世家，看多了患者痛苦之状。所以，虽然李时珍的父亲希望他能功成名就，光宗耀祖，但李时珍本人对那些枯燥、艰涩的八

股文并不喜欢，却对父亲的采药、种药和为人诊治疾病抱有浓厚的兴趣。每当父亲采药回来，他总是兴致勃勃地问这问那，什么草药叫什么名字，哪种草药能治哪种病等，问个没完没了。

在开始读书后，李时珍便经常读一些动植物方面的书籍。他读过图画本的《尔雅》，对难懂的《释鸟》《释兽》等，他甚至能背诵下来；他还爱读《菊谱》《竹谱》以及一些介绍药物学知识的本草书。

平时只要有时间，李时珍还与小伙伴一起爬山摘果，草啊、药啊，都成了他从事医药研究的启蒙对象，培养了他对医药的兴趣。父亲虽然想让他考取功名，但对于小儿子的好奇心和强烈的求知欲，他还是会尽量满足的。

在瓦硝坝村的东面，有大泉山、盘龙山，东北有平顶山、北障山、龙峰山等。在这些山林湖水之中，广泛生长着丰富的野生动植物。在这众多的野生动植物中，有很多可以治病的药材。

孩提时代的李时珍，对花、草、虫、鱼有着特别的爱好，尤其是到了夏秋季节，经常与小朋友一起采集这些动植物标本。由于经常向父亲请教，知道许多花草虫鱼的名称和形态，所以在众多小朋友当中，他就像个"小老师"一样，经常将有关花草的知识认真地讲给小朋友们听。

稍大一些，李时珍在父亲的影响下，对医药的兴趣日渐浓厚，经常背着父亲偷看一些医书，甚至能模仿药书为一些常见病开方子。

李时珍的言行举止，显示出了他在医药方面的天赋，但父亲李言闻的心中却倍感忧虑，并且坚决反对李时珍的选择，希望李时珍能"务正业"，献身于仕途，为官作宦，显耀门庭。因此，他坚决让李时珍读书应考，以便一朝功成，出人头地。

少年时代的李时珍虽然喜爱医学，但仍然摆脱不了家庭礼教的束缚和时代的局限，最初也想通过科举来实现父亲对自己的期望。所以，他只好暂时将自己的爱好丢开，静下心来读那些枯燥无味的经书与八股文章。李时珍自幼天资聪慧，且读书刻苦，学习成绩也十分优异。

1531年（嘉靖十年），14岁的李时珍参加了在黄州举行的童试，并且还中了秀才。这天，蕲州城东门外瓦硝坝村，一个风轻日暖的日子，李时珍一家沉浸在一片喜气洋洋的气氛之中。干干净净的庭院之中，李时珍的哥哥李果珍手持竹竿，挑着一挂长长的鞭炮噼啪炸响。邻里的孩子们一边围着观看，一边欢快地喊着：

"李时珍中秀才啦！李时珍中秀才啦！"

周围的乡亲们也都纷纷过来祝贺，李时珍的父母一边忙着招呼乡亲们，向堂屋里让客，一边又手忙脚乱地忙乎着杀鸡宰鹅。李时珍也恭敬地给叔叔伯伯们让座、施礼、斟茶。

李时珍考中了秀才，这让他的父亲从心里感到高兴，因为此后，李时珍就获得了参加科举考试的资格，可以进入官家的府、州、县学正式系统地读书了，这可是考取举人、进士乃至状元的第一步，他怎么能不高兴呢？他将考取功名、光宗耀祖的希望全部寄托在李时珍身上了。

学生考上秀才以后叫做"入泮"，因为当时学校门前都有一个半圆形的水池，叫做"泮水"，学校就叫"泮宫"，故而考中秀才进入国学或府、州、县学读书就叫做"入泮"或"游泮"。

"入泮"之后，学生所读的书主要是"四书""五经"，也就是《大学》《中庸》《论语》《孟子》《诗经》《书经》《易经》《礼记》《春秋》，其次是典章制度、文告等。

明代的科举考试制度，规定三年一试，每逢夏历的子、午、卯、酉年，也就是鼠年、马年、兔年、鸡年举行"乡试"，考试地点在省城，考中了叫"举人"，第一名称"解元"；每逢辰、戌、丑、未年，也就是龙年、狗年、猪年、羊年举行"会试"，考试地点在京城，考取的叫"贡士"，第一名称"会元"。

　　凡是考中"贡士"的人，都有资格参加殿试（又称廷试）。殿试由皇帝亲自主持，一般不黜落，只是分出等第名次，出榜时分为一、二、三甲。其中，第一甲取三名，第一名为状元，第二名为榜眼，第三名为探花，统称"进士及第"；第二甲若干名，称"进士出身"；第三甲若干名，称"同进士出身"。如果乡试、会试、殿试都考取第一名，就是连中三元，即连中解元、会元和状元，但这种情况很少，明朝也只有一人获得如此殊荣。

第二章　进士梦破

面曲之酒，少饮和血行气，壮神御寒，消然遗兴；痛饮则伤神耗血，损胃亡精，生疾动火。

——（明）李时珍

（一）

自从参加完黄州举行的"童试"，中了秀才之后的9年，李时珍都秉承父命，夜以继日的刻苦读书，勤奋学习四书五经，各种经典，莫不详熟。甚至在染患重病，性命都差点不保之时，还仍然坚持读书。之所以这样努力，就是为了依从父命，到省城里去参加每三年举行一次的"乡试"，希望能考取举人。

那时，"乡试"规定要写呆板的"八股文"，不论什么题目，都要按照所谓的"破题""承题""起讲"等八个段落来写。素来喜欢独立思考的李时珍，对那些空洞乏味的八股文根本难以产生兴趣，对这种束缚人们思想的死板公式也感到很不满，总爱发表一些与众不同的见解。而且，他的读书心得和时论见解与当时封建统治者的意愿也不一致，与科举考试格格不入。因此，李时珍一连参加了三次乡试，都以"不第"告终。

　　中举不成，走仕途的理想破灭了，李时珍遂放弃科考做官的打算，决定改弦更张，毅然转攻医学。

　　李时珍从小便体弱多病，他自称"幼多羸疾"，因此从童年时就对医学很感兴趣。在李时珍20岁那年，曾经得过一场重病。根据他自己的描述，开始时是感冒咳嗽，因调理不得法，便转成虚劳发热的"骨蒸病"，整日烦渴思饮，皮肤像"火燎"，"每日吐痰碗许"，不能吃饭睡觉。

　　从这些症状来看，李时珍得的很可能是肺结核。为了祛病，李时珍自己用柴胡、麦冬、荆沥等清热化痰的药物进行治疗，没想到一个月后病情反而恶化。众医束手无策，都以为李时珍患上了必死之症。

　　在这千钧一发之际，还是李时珍的父亲想到了一个办法。李言闻想起了金代医学家李东垣的一条经验，决定重用中药黄芩治疗。由于黄芩是一味清肺热的良药，故而很快就达到了"身热尽退，而痰嗽皆愈"的效果。

　　对此，李时珍深有感触地说，用药对症，就像是槌棒敲鼓一样，马上会发出响声，"医中之妙，有如此哉！"这件事也给李时珍留下了深刻的印象，从而更加激发了他对医学的热爱，坚定了学医的志向。

　　此后，李时珍开始认真研究《内经》《神农本草经》《伤寒论》和《金匮要略》等古代医学书籍，还经常向父亲请教各种疑难问题。李言闻见儿子对医学这么感兴趣，也只好改变原来的主意，对李时珍加以指点。

　　除了让李时珍学习一些医学著作外，李言闻还指导儿子掌握各种工具书的使用方法，这对提高他独立阅读及钻研能力都大有帮助。

　　在这段时间，李时珍还出入于当时蕲州的名门望族顾家，受益于名师顾问甚深。顾家是世代为官，名声显赫，明末清初的文学家顾景星就是当时顾家的后代。

顾问，号日岩，18岁时考中进士，官制福建参政，廉洁奉公，"时天下诵慕乃在公卿硕辅之上"，与其弟顾阙（号桂岩，进士出身）合称"二顾"，均为当时的理学名家。

顾问归隐之后，在阳明、崇正两个书院讲学，其时"天下向学之士赴蕲者项背相望"，"生徒数百，方伎也不拒"。李时珍也曾去听讲，虚心聆听教诲。顾景星的著述中曾提高李时珍，称他曾"问学于日岩公"。

自古名师出高徒，李时珍得此知识渊博的老师指教，所有包括文史知识在内的各种知识，都造诣精深。

（二）

在蕲州镇有一所寺院，名叫玄妙观，李言闻经常在那里就诊，李时珍和哥哥李果珍也经常一道去那里给父亲当助手。开始时，李时珍只负责给父亲誊抄药方，以后逐渐分诊若干病人，并详细书写病案。遇到疑难问题时，就随时向父亲请教。每一次，父亲都会首先引用古代医书，从中找到理论依据，然后再联系自己的临床经验进行分析，将问题谈得又深又透。

从父亲的解答当中，李时珍也受到了很大的启发。从此，他将每天遇到的难病重症都记录下来，晚上回家便认真查阅各种医药学文献。这样一来，李时珍就将阅读医药书籍与临床实践紧密地结合起来。每次治好一个病，他都要总结经验；对于没能治好的，他也要找出原因，从中得到教训，然后详细地记录在本子上。

经过这样认真的日积月累，李时珍的治疗经验和理论知识越来越丰富，技术也日益精进。经过李时珍诊治痊愈的病人也越来越多。

有个青年小伙子，患上了眼病，每到夜晚眼睛便疼痛加剧，头部半边肿大。有的医生给他开了黄连膏点眼睛，结果病情不仅没有减轻，还恶化了，"诸药不效"。改用艾灸，也只能暂时缓解，半天之后又会发作。

病了一个多月后，李时珍接诊了这个小伙子。经过望诊切脉后，李时珍认为必须用解内热、缓肝火的办法治疗，于是开夏枯草2两、香附2两、甘草4钱为末，用凉开水调服。病人刚刚服下不久，便感到"疼减半"，"至四五服良愈矣"，仅仅四五剂药就治好了病。

有一位老人，常年大便稀溏，脐腹虚冷作痛，到处求医无效。李时珍接诊后，就让老人寻觅一些熟艾，用布袋装起来，兜住整个脐腹部。由于艾叶气味辛温，具有散寒止痛的作用，所以病人的症状很快消除，老人也十分高兴。后来，李时珍自己在回忆这个简易的方子时，还赞叹不已地称其"妙不可言"。

有位妇女，鼻子经常流血，严重时甚至"昼夜不止"，情况非常紧急。李时珍得知后，要病人家属迅速取来大蒜切片，用来敷贴病人的两个足心，因势利导，导热下行，结果"及时止血"。这个单方，是李时珍在长期行医过程中从民间学习来的。由于取效十分灵验，他颇有感慨地称赞这一单方"真奇方也"。

有一位50多岁的老汉，因长患痢疾而腹部剧烈疼痛，不时发出惨痛的呻吟声，病势垂危，命在旦夕。家人已为其备好棺材，一切后事都作了安排，最后才急忙跑来恳求李时珍救治。李时珍为其诊断之后，沉思片刻，忽然想起《雷公炮炙论》中的两句话：

"心痛欲死，速觅延胡。"

延胡索是行气止痛、活血化瘀的良药，李时珍决定用它来治疗，因此当即开出延胡索3钱，用米汤为病人调服。病人服药之后，感到疼痛顿减，不久便转危为安。经过几天的调养，完全恢复了健康。

有一个妇女，患腹痛腹泻已有5年，服用各种止泻药都不管用。李时珍接诊后，别出心裁，用巴豆制成丸药，最后将这个病给治好了。巴豆本来是一种辛热的泻药，而且有毒，历代本草书都说要慎用。李时珍在分析了这名患者的病症后，认为其病症属于脾胃久伤，乃冷积凝滞所致，因而用热下的办法祛寒止泻。

李时珍不仅用这种方法治好了这位妇女，后来还治愈了同类患者"近百人"。他在总结此经验时说：

"妙在配合得宜，药病相对耳。"

意思是说，必须要全面掌握药物的性能和功效，灵活地加以配合，做到对症下药，才能收到良好的效果。

<h1 style="text-align:center">（三）</h1>

在李时珍开始学医、诊治病人的前几年里，社会上也发生了几件大事，从而更加坚定了李时珍专心医学和医疗实践的信念。

1540年，明朝嘉靖皇帝为了求得长生不死，祈求上天祈福，决意炼丹成仙。同时，奸臣严嵩为了讨好嘉靖帝，特地请来真人陶仲文大设雷坛，昼夜设立道场，为皇帝求神祈福。而嘉靖帝干脆连朝政都不理了，每天一心想着炼丹之事。

为了能让皇帝能够早日成仙，各地地方官府也都奉命搜寻各种灵丹妙药，强迫百姓上山采灵芝、捕梅花鹿，进献给朝廷。在这种情况下，全国各地都搭建了大量的雷坛，修建了无数道院，以供炼丹和求药，广大百姓遭受着这场痛苦的大灾难。官府强迫民众运送檀木、进献灵芝和梅花鹿，不少人因被逼迫而死于非命。而那些受到朝廷宠信的道士和方士们，在地方上更加猖獗，用尽各种办法愚弄人民。

在李时珍的家乡蕲州，李言闻和李时珍行医治病的场所玄妙观，也被官府改建成为雷坛。道士们个个耀武扬威，将李时珍父子赶出了玄妙观。

在这场人为的灾祸残酷地折磨着广大人民的同时，天灾也降临了。1545年，蕲州发生了一次重大水灾，江水倒灌入蕲河，淹没了两岸的田地，百姓流离失所，衣食无着。灾难过后，疾疫猖獗，许多劳苦群众因饥饿与疾病交相折磨而死。

李时珍目睹了这一惨状，感到忧心如焚。他毅然走出家门，与父亲、哥哥一道，奋力抢救灾民，全心全意地为百姓治病防疫。他们不收取分文报酬，救活了许多垂危的患者，真正做到了"立活不取值"，当地百姓无不交口称赞。

这件事不仅让李时珍接触到了许多疑难杂症，促使他继续认真钻研医术，精益求精，在中医学的理论和实践中不断得到提高，同时也坚定了他一心学医、为广大人民服务的信念，从科举考试中完全解脱出来。

为了能提高自己的医学水平，李时珍还与本地的郝家往来密切，成为医学上的亲缘关系。郝家是当时蕲州的四大旺族之一，有兄弟两人：兄名守正，曾任怀庆府知府；其弟守道，精于医学，常年历游京师、山东、江淮诸地，阅历广泛。

但是，郝家兄弟爱好医术并不是为了济世益民，而是为了养生长寿，但郝家藏有很多名贵的医书，更为李时珍所钟爱。李时珍经常到郝家去借阅医药藏书，并与郝家兄弟交往密切，虚心求教，常与郝家兄弟一起看书钻研，畅谈医学理论，甚是投机，自然也收获良多。

李时珍平生治学严谨，酷爱读书。自从走上医学道路开始，他就胸怀大志，誓当良医。为了实现自己的宏伟志愿，他不断勤奋学习，除了对各种经典著作精深研读之外，还旁及其他各类丛书，"子、史、经、传、声韵、农圃、医卜、星相、乐府诸家"，无不广泛阅览，并在看书的同时，将感觉有用的内容都记录下来，在读书中不断丰富自己的知识和经验。

传说在李时珍出生那天，其父李言闻为了给即将临产的妻子增加营养，自己到雨湖去打鱼。开始时，李言闻连下了几网都一无所获，很不耐烦。最后又下了一网，拉起来沉甸甸的，李言闻认为这肯定是条大鱼，哪知拉上来一看竟然是一块石头。李言闻叹气地说："石头啊石头，我与你无冤无仇，为何今日要这样捉弄我，令我愁上添愁呢！"李言闻回家后，碰巧妻子生下一个男孩，李言闻便说："就叫这个孩子为石珍吧。"他妻子一听，说道："还是叫时珍吧。"李时珍就这样来到了人间。

第三章　妙手回春

俯拾即是，不取诸邻，俱道适往，着手成春。

——（明）李时珍

（一）

明嘉靖二十一年（1542）除夕之夜，噼噼啪啪的鞭炮声，偶尔夹杂着时断时续的轰轰巨响，震撼着长江岸边的夜空，将蕲州城带入了节日的气氛之中。

新年的第一天，天刚刚放亮，鞭炮声便将李时珍从梦中惊醒。他用手揉揉眼睛，抬头望了望窗外，然后开始回想自己夜里做的一个梦。他梦到自己坐在一张书桌前看书时，他那光溜平滑的下巴和嘴唇边忽然不知不觉地长满了胡须，把嘴巴都糊住了。

"有人说梦境能够印证生活中的事情，难道是真的吗？"李时珍自言自语道。

妻子吴氏被身旁醒来后辗转反侧的李时珍吵醒了，听到李时珍在一旁自言自语，便问道：

"你做了什么梦？快说出来给我听听。"

李时珍将自己梦中的情景给妻子说了一遍，吴氏听完后，说道：

"胡须把口都糊住了，这是什么意思呢？糊口……糊口……对了，在蕲州江对面的不远处，不是有个湖口县吗？"

"啊，对，江西的确有个湖口县！"李时珍仿佛感到梦快要解开了，不由得一阵惊喜。他急忙起床，问妻子道：

"你快说说，湖口怎么着？"

吴氏想了想，缓缓说道：

"我觉得，现在正是你应该求知上进的年龄，但你又不愿再去应乡试，决心要从医。这些年来，你跟随父亲虽然学了不少医学知识，有了一定的治病经验，但也不应该就此满足，还是应该多学点真本事才行。"

李时珍一听，笑着说：

"这么说，这个梦是要让我多学点医道了。"

吴氏也笑了，说：

"我看你就是应该多学点医道，这个梦或许就是要你到外面去见见世面，开开眼界。我看你就该到湖口去行医。"

李时珍点了点头，接着说：

"说实话，梦中之事，不足为信，但为了增长见识和才干，我是想单独出去行医，这对自己也是个锻炼。只是我这一走，恐怕就要一年半载，家里就全靠你照顾了。"

"这你放心，家里我都会照顾好好的。"

于是，过完春节后，李时珍就将自己想去湖口行医的打算告诉了父亲李言闻。李言闻听后很高兴，说：

"你的想法很不错，年轻人就应该到外面去见识见识。"

李时珍动身那天，是阴历的正月初八，天气已经立春了。春寒料峭，刺骨的寒风仍然呼呼地刮着。李时珍辞别父母妻儿，顶着呼啸的

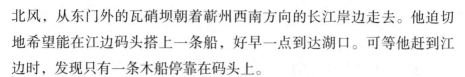

北风，从东门外的瓦硝坝朝着蕲州西南方向的长江岸边走去。他迫切地希望能在江边码头搭上一条船，好早一点到达湖口。可等他赶到江边时，发现只有一条木船停靠在码头上。

李时珍急忙走过去，向正在收拢风篷的船工打听：

"请问，您这条船是从哪里来，准备到哪里去的呢？"

"我们是从武昌来的，准备返回湖口县去。"船工回答说。

"那太好了，我也要到湖口县。请问船什么时候能开？"李时珍暗自庆幸自己遇到了一条前往湖口的船。

"这么大的风，还开什么船啊！要是能开船，我们还把船停在这里干嘛？"船工沮丧地说。

"这可真不凑巧啊。要不，我就搭你们的船一道去？"李时珍问道。

"那可不行。实话跟您说，我们这是一艘官船，不搭客。这是我们湖口县的县官老爷为送儿子到武昌治病的专用官船。因为公子的病没治好，才只好返回湖口县去的……"

李时珍一听，急忙问道：

"请问你们公子得了什么病？"

船工有些不耐烦地回答说：

"我怎么知道得了什么病！连武昌的大夫都治不好，我可说不清楚！"

李时珍又说：

"能否让我上船看看你们公子的病情？"

船工说：

"这我可做不了主，公子现在病得正厉害，根本不让别人惊动他！"

正说着，一个官差打扮的人从船舱里钻了出来，沉着脸大声问道：

"你们在吵什么呢？"

船工一见，马上指了指站在码头上的李时珍说：

"这位先生想搭我们的船到湖口去。他听说公子病了，就想上船去看看公子的病。"

这位官差是专门负责护送公子到武昌去治病的，这几天公子的病越来越重，他心里十分焦急。现在见有人提出要看看公子的病，便问道：

"你是医生？"

李时珍点了点头：

"正是。"

说着，他又从自己的包裹中抽出几本医书递给官差，说道：

"大人请看。"

官差见李时珍递过来的医书后，有些心动了。他想，眼前这个年轻人文质彬彬，像是个医生。眼下公子病得正重，让他上船看看，也未尝不可，于是说道：

"既然你是医生，就上船来看看吧。"

<h1 style="text-align:center">（二）</h1>

对于官差那种冷冷的态度和仍然带着怀疑的表情，李时珍根本不在意，一听说让他去"试试"，他立刻一脚登上船板，跨上船去。

在船上中舱的一角，躺着一个十岁左右的男孩，正在呻吟着，叫着肚子疼，旁边有个侍女在服侍着。官差指了指这个男孩，对李时珍说：

"这就是我们公子，你看看吧。"

李时珍过来先给孩子切了脉，然后又让孩子伸出舌头看看。当男孩伸出舌头时，忽然哇啦哇啦地呕吐起来，脸部青筋暴起，口中只吐清涎。李时珍待他吐完后，又问道：

"你叫肚子疼，是哪个部分疼呢？"

"这里。"孩子用手无力地指了指自己的腹部，接着又掀起衣服，露出肚皮，让李时珍看。只见这孩子的肚子胀鼓鼓的，看上去就像一面小鼓，肚皮表面也是青筋暴起。

李时珍轻轻地触摸着，只听那孩子痛苦地叫道：

"好痛……胀……"

李时珍轻轻地站起身来，陷入了沉思。旁边的官差见李时珍不做声，便追问道：

"公子得的到底是什么病？"

李时珍缓缓地说：

"从现在的一些症状来判断，你们公子得的是胆道蛔虫病。就是说，蛔虫已经钻入胆道里去了。"

"啊，那可怎么办？"官差和男孩身边的几个人都显得很紧张。

李时珍沉稳地回答说：

"别紧张，我有办法治。"

"你真的有办法治疗？"几个人望着眼前这个年轻人，将信将疑。

李时珍微微点了点头，随后问道：

"你们这艘船准备何时出发？"

官差答道：

"风一停，马上就出发。"

"那好，"李时珍说，"既然这样，你们今天肯定是走不成了。是这样，我随身没有带着治疗你们公子这种病的药物，我现在就回家去取点药来。从这里到我家，来回要十里路，我很快就能返回来。"

虽然船上的几个人对这个年轻人是否能治好公子的都病没有把握，但见李时珍那么认真，他们还是十分感动，纷纷说道：

"现在天正冷，风又大，为了我们公子的病，还要劳烦你跑一趟，真是过意不去！"

李时珍说：

"没关系，只要能救活公子，冷点算不了什么。"

说完，李时珍便走出了船舱。

一个时辰左右，李时珍又急匆匆地回来了，并给孩子带来了药物，孩子服药几个时辰后，果然感觉疼痛减轻。到第二天中午时，孩子已经要吃东西了。船上的人见孩子病情好转，都十分高兴，对李时珍自然也是感激不尽。

这天下午，风渐渐小了，官差决定开船返回湖口。在行船途中，孩子的病情进一步好转，呕吐、腹痛进一步减轻。

经过李时珍的一路调治，男孩的脸上渐渐有了血色，到船至码头，李时珍离开时，孩子已经基本康复，可以自己起来走动了。一船人对李时珍的医术医德大为赞赏，李时珍也为自己能够救治男孩，并顺利来到湖口而感到由衷地高兴。

来到湖口后，李时珍在湖口县的一条主要街道找了一家客栈住下来，并挂起了"蕲州世医李时珍应诊"的医幡，准备接待病人。可是，这医幡一连挂了几天，也没有人前来问津。

李时珍感到很纳闷。这天，他正在思考该怎么打开局面时，忽然有个官差打扮的人来到客栈门口。这官差先抬头望望挂在门口的医幡，然后走入客栈，问道：

"请问，有位李医生是住在这里吗？"

李时珍听见有人找他，急忙迎出来，问道：

"您找我有什么事吗？"

官差说：

"您是李医生吗？我们县官老爷请您去走一趟。"

李时珍忙问道：

"不知道是为了何事？"

"您去了就知道了，请随我走一趟吧。"

李时珍见状，也只好跟随这位官差去了县衙。刚到县衙门口，船上护送公子的那位官差便乐呵呵地迎了出来：

"哎呀，李医生，可把您请来了。我在忙别的事，所以没有亲自去接您，请原谅！"

正说着，一个50多岁、身穿官服的人也迎了出来。官差急忙向李时珍介绍说：

"这是我们的县官老爷。"

李时珍一听，忙拱手施礼。县官过来拉住李时珍的手，高兴地说：

"我的儿子多亏了您的救治啊！要不是有幸遇到您，不知道他的病什么时候能好呢！"

说着，县官便将李时珍请入客厅，坐定后，询问了李时珍家中的情况，又问了他的学医情况等，李时珍都一一作答。

随后，县官又设宴款待李时珍，并拿出一包银子要李时珍收下。李时珍婉拒了银两，县官没法，只好专门派了一乘官轿，将李时珍送回客栈。

李时珍为县官儿子治好病，县官大摆筵席酬谢李时珍的事，很快就在湖口传开了，李时珍的名气也大了起来，前来找他看病的人也越来越多。原来那种无人问津的局面，终于打开了。

（三）

一天上午，李时珍到湖口城外的一户农家出诊后，正往回走。当他走到一座凉亭附近时，忽然听到从城里方向传来一阵吹吹打打的哀乐声。随着这由远及近的哀乐声，他看到一群人正从城里向城外走来。在这群人里，有的披麻戴孝，有的哭天抢地，一看就知道这是一支送葬的队伍。

送葬队伍走到城门口后，人群慢慢散去了，紧接着便出现一具八人抬着的棺材。在棺材的后面，跟着死者的几个亲属，正哭哭啼啼地朝凉亭方向走来。

出于职业习惯，李时珍每次遇到这种情况，都会打听一下死者是怎么死的。今天又遇到这种情况，当然也不例外，所以他就走上前去，向一个人打听道：

"请问，这是什么人过世了？"

"是一个妇人。"

"患了什么病？"

"听说是生孩子生不下来，就死了！"

"哦。"李时珍边应答着，边围着棺材转了一圈，忽然他发现，在正抬着往前走的棺材底下，竟然还在滴着鲜红的血点。

李时珍立刻弯下腰，用手指蘸了一点血，放在鼻下闻了闻，闻出这是人血的气味；再加上刚才听说这妇人是因为生孩子没生下死的，他想，这可能是因为腹中的胎儿顶住了母体的心脏而造成的假死，因此便又问道：

"是什么时候死的？"

这时，一个哭哭啼啼的男人从后面走上来，回答说：

"是昨天傍晚死的。"

李时珍听那男人将全部情况说完后，严肃地说：

"你们真是糊涂，她还没有死，你们怎么就把她装到棺材里了呢？"

众人一听，都愣住了：

"什么？她没有死？"

"你凭什么说她还活着？"

……

李时珍指了指蘸在自己手上的血迹，说道：

"你们看，这是鲜红的血，除了活人，死人根本滴不出鲜血来。从这上面就可以判断，棺材里的妇人并没有死，她还活着。如果你们不信，就打开棺材看看。"

那男人一听要开棺，虽然有些犹豫，但最终还是赶紧找人到附近的村子里借来了斧头等工具，众人七手八脚地撬开了棺材。

棺材盖打开后，李时珍疾步上前一看，只见躺在棺材中的妇人腹部隆起，双目紧闭，脸上仍呈现出痛苦的神色。

随后，李时珍从自己的药包里掏出一把闪闪发光的银针，向那个男人提议道：

"我来给她扎几针试试看，你看怎样？"

"好，好，救人要紧，您就动手吧！"男人也对李时珍充满了希望。

李时珍从那把参差不齐的银针中选出几根，首先在这个妇人的人中上扎了一针，接着又在她脚部的涌泉穴连扎了两针。一会儿工夫，忽然听着妇人"唉"的一声，叹了一口长气，慢慢苏醒过来。

"啊，……真的把死人都救活啦！"周围围观的人见状，都感到不解、惊奇、振奋，最后欢呼起来。

那男人一见自己的妻子又活过来了，连忙"扑通"一声跪在李时珍面前磕头道：

"感谢先生的救命之恩！恩人的大恩大德，我们永世不忘！"

李时珍忙扶起男子，说道：

　　"先别说这些感谢话，赶快把病人抬回去，还要马上请个接生婆，尽快让她将孩子生下来。"

　　那些围观的村民听说要将病人抬到回去，都急忙送来门板、被褥等。原先那几个抬棺材的人，也立刻将妇人从棺材中轻轻托起，放到门板上，抬起来就往回跑。

　　病人虽然抬走了，但周围围观的人却没有散去，人们纷纷议论道：

　　"天下竟然有这种奇事，连死人都能治活！"

　　"是啊，别看那医生年轻，还真有两下子呢！"

　　"真是妙手回春啊！"

　　……

　　李时珍开棺救人的事，一传十，十传百，很快就在湖口县传开了。李时珍的名字也像长了翅膀一样，飞遍了湖口城乡。此后，前来李时珍这里求诊治病的人更加络绎不绝，李时珍每天都应接不暇。

第四章　千里拜师

跋涉无数穷山深谷，足迹遍及大江南北。

——（明）李时珍

（一）

由于前来求诊看病的人越来越多，李时珍每天都忙得不可开交。这天，李时珍又整整给病人看了一天的病。傍晚时分，为了消除疲劳，他迎着江风，来到江边散步。

正当李时珍沿着江边往上走时，忽然听到后面有人在喊他：

"请问，前面走的可是李医生吗？"

李时珍回头一看，只见一个商人模样的人正快步朝他走来，但他却想不起这个人到底是谁了。

这人走到李时珍跟前，毕恭毕敬地拱手施礼说：

"李医生，您不认识我啦？我是秭归人，去年我曾找您看过病啊。"

李时珍一听，这才想起来。

"哦，哦，原来是您啊，真是没想到能在这里遇到您！"

原来在去年夏天时，这位秭归商人得了消渴症（即糖尿病），曾找李时珍医治。李时珍见他病情严重，估计他难以活过三月，便叫他赶紧回乡，并专门给他开了个方子，配好了药，让他带在身边，随时闻闻。如果不闻此药，他就可能随时都会出现问题。同时，李时珍还一再嘱咐他说，回去的路上多买些梨子带着煮水喝，路上一定要注意保重身体。

上次分别到今日两人相遇，已经有快一年的时间了，李时珍忙热情地拉着这个人的手，说道：

"走，我们找个地方坐下来聊聊。"

两人来到一个茶馆坐下后，李时珍便兴致勃勃地问道：

"快说说，你的病现在怎么样了？是不是吃了其他的药？"

那人喝了一口茶，回答说：

"说来话长，自从去年找您看过病后，按照您的嘱咐，我很快搭上了回程的船，准备返回秭归去。一路上，我也按照您的嘱咐，每天把带在身边的药拿出来闻闻，而且还一直喝着梨子煮的水。可是，当船到了一个口岸时，忽然遇到了风暴，走不了了，我就只好上岸住下。在那里，我听说有个王老大夫，很有名气，我想我这病虽然没多大希望了，但来到这里既然遇到了有名气的老医生，何不也请他看看我的病呢？于是，我就找到了王老大夫。经老大夫诊断后，也说我得了消渴病，但对您配好给我闻的药，他说可以不必闻，而是改为泡水喝。至于梨子煎水，他说你尽可以放开肚子多吃梨子，能吃多少就吃多少，吃得越多越好。就这样，我每天每月都坚持按照王老大夫的话做，结果，我那消渴病居然好了，我现在的身体也越来越强壮了。"

李时珍认真地听完这位商人的叙述，叹了口气说：

"虽然我也是个医生，但看来我还没有真正懂医，与您讲的这位王老大夫比起来，我真是自愧不如啊！"

那商人忙说：

"不不，先生，对我的病，您诊断的也没错啊，单方也和王老大夫开的一样，怎么能说您不如王老大夫呢？"

李时珍诚恳地说：

"你的病我虽然没有诊断错，单方也开得对，但问题是在药物的用法和用量上不同啊！就说梨子吧，我让你煎水喝，每天喝，但量不大；而王老大夫却让你尽可能多地吃梨子，吃得越多越好。对同一味药，用量不同，轻重不同，治病的效果自然也不同。王老大夫的真工夫在于他既能对症下药，又能掌握药物的用量，而我却没能很好地做到这一点，所以我不如他。"

接着，李时珍又问：

"这位王老大夫住在哪里？我很想向他求教，真感谢你为我找到了这样一位好老师。"

这位商人听了李时珍一席话，十分感动。李时珍自己的医术已经很高超了，却仍然这么虚心好学，诚恳求教，真是难得。于是，他就热情地将王老大夫的住址和姓名告诉给李时珍。随后，两人分手。

（二）

李时珍辞别这位商人后，便离开湖口，搭船寻找王老大夫求教去了。经过艰难的跋涉，他终于找到了王老大夫。

那天，当李时珍来到王老大夫的诊所时，王老大夫正在给人看病。等王老大夫看完病后，李时珍才上前施礼，说道：

"王老医生，我想请求您答应我一件事。"

"什么事？"老大夫带着惊诧的目光，望着站在自己面前的这个陌生的年轻人。

李时珍恭敬地回答说：

　　"我本来到此地是投靠亲戚，准备找一份差事做的，谁知到了这里后，我的那个亲戚去了别的地方，所以想来您这里帮工。"

　　"为什么非要来我这里帮工呢？"老大夫还是没明白李时珍的意图。

　　"因为我听人家说，您老人家只有一个人过日子，每天来找您看病的人又很多，实在忙不过来。所以，我就想过来给您帮忙。"

　　听了李时珍的话，王老大夫想了想，觉得李时珍说得有些道理。自己一个人，每天既要给人看病抓药，还要自己动手烧火做饭，实在忙不过来。如果能有个帮手，自然就方便多了。但是，他又感到眼前这个年轻人说要来帮工好像并非他的真实意图，便又试探着问道：

　　"除了帮工之外，你还有什么打算？"

　　李时珍见自己的真实意图隐瞒不了，只好如实说道：

　　"实不相瞒，我听说您老人家医术高超，所以在帮您料理一些杂务之余，也想顺便向您学点医术。"

　　"向我学医？"老大夫一听，连连摇头，说道，"老夫才疏学浅，没什么好学的。再说了，我年纪也大了，每天来看病的人又多，怎么能有时间指导你呢？"

　　李时珍忙说：

　　"不用劳您专门花时间教我，只需在您给病人看病时，让我从旁看看即可。"

　　老大夫见李时珍十分执着，又说道：

　　"学医很苦的，再说我这里生活条件也差，你能吃得了苦吗？"

　　"再难再苦我也不怕。至于生活，只要有口饭吃即可，我不要工钱。"李时珍仍然执着地说。

　　老人沉思了半晌，问道：

　　"你叫什么名字？今年多大了？"

李时珍恭恭敬敬地回答说：

"我叫曾诚，今年26岁。"

老人见这个年轻人学医心切，一片真诚，只好点头说：

"那好吧，既然你能吃苦，就留下来试试吧。"

从这天开始，李时珍便将王老大夫家里的一切杂务全包了下来，扫地做饭，端茶倒水，样样都干，将老人服侍得十分停当，以便老人可以专心给病人诊治。

每天忙完各种杂务后，李时珍就利用一切空隙向老人学习医道；每天有空闲时，他也会到诊室里转转。当碰上老人正在看病、切脉和开具处方时，他就静静地站在一旁观看，并将看到的诊断情况和老人开具的处方都默默记在心中，认真加以推敲揣摩。

晚上老人看完病休息后，李时珍会将诊室收拾干净，然后点上一盏油灯，将老大夫收藏的一些医书和药书拿出来，坐在灯下认真研读。他一面读书，还一面注意发现疑点，作好记录。

久而久之，王老大夫发现，这个年轻人不仅能吃苦，而且还勤学好问，肯动脑筋，觉得自己收了个好徒弟。此后，碰上忙不过来的时候，就由老大夫口授，李时珍坐在一旁帮他记录药方，每次李时珍都记录得十分认真。

渐渐地，李时珍发现，王老大夫在给病人诊断病情时有个突出的特点，就是能够针对病人的不同病情，开出各种各样的不同药方。而李时珍在向老大夫的学习中，也逐渐把握了这个特点，通过临床中的事实证明，无论遇到什么样的病例，他都能认真细致地做出准确的诊断和妥善的处理。因此，凡是经由他诊治的病人，几乎是治一个，痊愈一个。李时珍对病人的这种处理能力，既让王老大夫感到高兴和欣慰，又感到惊奇不已。

（三）

一转眼，李时珍在王老大夫这里已经学医一年多了，坐堂行医也有几个月了。一天晚上，老人特意准备了一些糕点和茶水，对李时珍说：

"你坐堂行医以来，我们很少有时间交谈，今天晚上就好好坐下来谈谈吧。根据你现在的治病水平，我想你已经可以单独开业行医了。不过，我现在倒是想问你一个问题。"

李时珍忙欠身道：

"请老师指教。"

王老大夫微微笑了笑，说道：

"我们已经相处一年多了，从你到我这里后不久，我就有这样一个疑问：你不像是到我这里后才开始学医的，而是在这之前就已经懂医了，不知我的感觉对不对？"

"这……"李时珍有些尴尬，不知如何回答。

"你既然将老夫看成是你的老师，现在就应该对我说实话吧。"

李时珍脸有些红了，只好说：

"学生欺骗了您，学生是蕲州人，我……"

"蕲州？蕲州有一位名叫李言闻的医生，你可知道？"

"知道。"李时珍如实回答。

"这位李医生很了不起，他著有《月池人参传》《蕲艾传》等书，对我们行医的人很有用处。听说他还有个儿子，医术也不错。"

李时珍赶紧站起来，说道：

"老师，我再也不敢欺瞒您了，我就是李言闻的儿子，名叫李时珍。因为从小爱好医学，所以就跟随父亲学医了。"

王老大夫一听，惊讶得半天没合上嘴。他站起来，兴奋地抓住李时

珍的手，大声说道：

"啊，你就是李言闻的儿子李时珍？你怎么不早说呢？为什么要骗我呢？"

李时珍低着头，有些不好意思地说：

"老师，因为有个得了消渴病的秭归商人，在找我看病后，我认为他活不长了，但去年我们意外地又碰面了，而且他还活得很好。在交谈中，他告诉我是您治好了他的病，我真是自愧不如，对您老人家的医术十分钦佩，所以下决心前来拜师求教。当时怕您不肯收留我，我才撒了谎，请老师原谅。"

王老大夫听了，哈哈大笑起来。他指了指李时珍说：

"你这个李时珍啊，可真是个有心人！"

窗外，月亮渐渐西沉，雄鸡已经叫过三遍，窗内的一老一少师徒二人仍在尽情交谈着，认真探讨着医学上的各种问题。

不久，东方露出了早霞，太阳冉冉升起。老医生缓缓起身，拍拍李时珍的肩膀，满怀深情地说：

"时珍啊，学医就要能吃苦，只有勤奋好学，刻苦钻研，才能在我们这行里干出一番事业来。"

李时珍点了点头，诚恳地说：

"我一定谨记老师的教诲，坚持不懈，做一名真正的医生。"

李时珍的家乡有一个庸医，此人不学无术，却假充斯文。这位庸医家财万贯，更有藏书之癖，平时不惜重金购买天下医书，以此来炫耀自己。李时珍无钱买书，曾多次向这位庸医借书读，都被他拒绝了。有一年夏季，梅雨季节刚过，庸医便命家人将书房内的藏书搬到院子里晾晒，而他自己则洋洋自得地在院子里踱着方步。这时，李时珍正好去一家给人看病路过这里，见满院子都是晒的书，便一时兴起，走进院子里。只见他解开衣襟，躺在晒书的架子旁，袒胸露腹，也晒起"书"来。庸医一见，莫明其妙，问道："李先生，您这是在干什么？"李时珍笑道："我也在晒书啊！"庸医更加不解地问道："先生的书在哪里呀？"李时珍拍拍自己的肚皮说："我的书装在这里。"庸医听后，知道李时珍是在挖苦他，惭愧得满面通红，无言以对。

第五章 冒险捉蛇

爽口物多终作疾。

——（明）李时珍

（一）

李时珍在行医过程中，十分注意学习前人的经验，吸取民间的验方，并将前人的各种经验和民间验方根据不同的病症加以灵活运用，这也是他在医疗实践过程中的一大特点。在李时珍的故乡蕲州，至今还流传着一个"梧桐一叶落，天下皆秋"的故事，这个故事就很好地体现了李时珍在医疗实践中的这一特点。

有一次，蕲州城外的一户农家中，一个孕妇快要临产了。可是，她已经发作好几天，婴儿始终生不下来。请了好几个医生来看，也开了药服用，一直都不见效。这给孕妇带来了极大的痛苦，孕妇一家人也急得团团转，不知道该怎么办才好。

这时，孕妇的公公忽然想起点什么。他突然一拍大腿，说道：

"唉，真是把人都急糊涂了，怎么不去请李时珍医生来看看呢？我想请他过来，他一定有办法的！"

经老人这么一提醒，大家都如梦方醒。孕妇的丈夫更是高兴地连连

说道：

"对，对！李医生一定有办法！我马上就去请李医生过来。"

说完，孕妇的丈夫冲出门去找李时珍。当李时珍听了孕妇的丈夫讲述的情况后，立即拎起药箱，来到孕妇家中。

李时珍首先给孕妇作了仔细的检查，切了脉。从检查结果和孕妇的脉象来看，孕妇虽然已经发作几天了，但腹中的胎儿却并没有完全成熟，真正的产期还没到。所以，李时珍认为，当前应该采取的措施是：一面安胎，一面催生。

随后，李时珍为孕妇开具了药方，并问孕妇的丈夫说：

"今天是立秋吧？"

"是的。"

"你们这里有梧桐树吗？"

"有，有，我们屋后山坡上就有一棵大梧桐树。"

"那就好，你除了按照我开具的药方给她抓药煎服外，还可以弄些梧桐树叶煎水给她喝。"

"这……"孕妇的丈夫有些迟疑。

"怎么了？"李时珍问道。

"前两天有位医生，也让弄些梧桐叶煎水给她喝，可是喝了并没有效果。"

"哦，是这么回事啊！不过，前天是前天，今天是今天，你今天还是可以再弄些梧桐叶煎水给她喝，不妨试试看喝后有什么情况，可以随时告诉我。"

李时珍走后，孕妇的丈夫按照李时珍的嘱咐，为妻子抓了药，还带着半信半疑的心情到后山坡采了些梧桐叶来，煎水喂给妻子喝。服用了李时珍开的药，并喝过了梧桐叶煎的水后，孕妇阵痛一阵紧似一阵，这天晚上，婴儿就呱呱坠地了。

之前让孕妇喝梧桐叶煎水的医生，听说李时珍也用了梧桐叶煎水给孕妇喝，却让孩子生了下来，感到十分奇怪。他想，自己用这个办法无效，为什么李时珍用了后就见效了呢？有一天，他与李时珍见面后就聊起了这件事。李时珍笑着问：

"您是哪一天叫他们用梧桐叶煎水给孕妇喝的呢？"

"就在你去给那位孕妇看病的前两天啊！"

"那就对了。那天还没有立秋，而我用这个办法的那天刚好立秋，所以效果就不一样了。"

那位医生更加疑惑不解了，忙问道：

"我们用的都是同样的方法，为什么效果就不同呢？这跟立秋又有什么关系呢？"

李时珍回答说：

"你也知道，那孕妇虽然发作几天，但孩子生不下来，并非别的原因，而是因为胎儿还没有成熟，也就是说，还没有达到瓜熟蒂落的地步。但如果等到胎儿自己成熟落地，势必会延长孕妇的痛苦。在这种情况下，我想到的唯一办法就是给婴儿催生，让其提前落地。你那天用梧桐叶煎水给孕妇喝，也是想给婴儿催生，这个方法不错，但民间有这样一句话，叫'梧桐一叶落，天下皆秋'。这就是说，只有从立秋那天起，梧桐的叶子才会自动落下来，这与瓜熟蒂落是一个道理。所以，要想给婴儿催生，也只有用从立秋这天起的梧桐叶煎水给孕妇喝，才能发挥作用。你用这个办法的时候还不到立秋，所以效果就不好。这是我的想法，不知道对不对？"

那位医生听完李时珍的解释，不由得连连赞叹道：

"你说得完全正确。经过你这么一点明，我才真正开了窍。你给人看病，真是看得深、看得远啊！"

（二）

明嘉靖二十二年（1543），李时珍的第一个儿子降生，李时珍为其取名李建中。后来，李建中乡试中考中举人，曾经出任四川省蓬溪知县。

李时珍30岁时，次子李建元出生。李建元长大之后，兴趣爱好都酷似父亲，在李时珍的点拨教导之下，经、史、文章、医药本草等，样样都学得很出色。

另外，李建元还非常喜爱书法、绘画，楷书工于柳体，作画尤其擅长工笔花鸟。李时珍见他头脑灵活，多才多艺，就将他留在自己身边。

后来李时珍在编写《本草纲目》时，既要跋山涉水，对药物资料进行实地考察，又要整理纷繁复杂的书目文献，李建元都是父亲的得力助手。尤其是《本草纲目》中的1000多幅药物图谱，大多都出自李建元的辛勤劳作。

大约在30岁左右，李时珍从湖口返回蕲州独自设馆行医。他不仅给附近的邻里乡亲们治病，有时还受人邀请，到几十里地之外为人诊治疾病。

一次，李时珍出诊回来，在路过雨湖的时候，隐隐听到悲戚呜咽的哭声从芦苇丛中传来，李时珍心生恻隐，循声找去，只见一位白发斑斑的老大娘坐在船舱之中，守着一个十五六岁的男孩子哭泣不止。

李时珍见状，急忙走过去，询问怎么回事。老大娘抹了一把眼泪，焦急而又无奈地说：

"这孩子命苦啊！他爹娘死得早，剩下我们这一老一少，就这一条破船，打些鱼维持生计。可不知怎的，刚才打鱼时这孩子嚷着头晕眼花，接着便一头栽倒在船舱里，昏迷不醒，不知道是得了什么病。"

李时珍摸了摸孩子的四肢，手脚冰凉，苍白的额头浸出了冷汗。一诊脉，孩子的六脉还算调匀，只是脉力十分微弱。

李时珍告诉大娘不要着急，孩子只是因为营养不良，劳累过度，因虚脱而昏迷的。随后，李时珍蹲下来给孩子按摩，在膻中、气海、三里、内关几个穴位按摩之后，又拿出针包，在孩子的人中穴扎了一针，不一会儿，孩子便清醒过来。

老太太看着孙子醒了过来，感激涕零，跪下就要给李时珍磕头。李时珍急忙扶住老大娘，并告诉她说，这孩子身体太虚弱了，要吃些滋补营养的东西。

大娘听后，无奈地说：

"我们穷苦人家，哪里有钱买营养品啊。"

这时，李时珍忽然发现船舱的鱼篓里有几条活蹦乱跳的青鲫鱼，顿时想出了办法。他说：

"有了！您用鱼篓里的这几条青鲫鱼给孩子熬点鱼汤喝就行。"

大娘望着瘦弱无力的孙子，无奈地说：

"我也想过给孩子熬几顿鱼汤喝，可是我们这里打的这些鱼里，就这青鲫鱼是蕲州雨湖的特产，比较名贵，能多卖些钱。孩子懂事，不舍得吃啊！"

李时珍听完，沉思了一会儿，对大娘说道：

"这样吧，你把这鲫鱼卖给我两条吧。而且从今天开始，我每天都要买两条这种青鲫鱼，让这孩子给我送到我家里。"

老大娘一听，感激地说：

"这好办，不过今天的这两条鱼我可不收钱，您救了我孙子的命，是我们的救命恩人啊！"

李时珍也不推辞，提起两条青鲫鱼就走了。第二天，这个男孩又早早地给李时珍送来了两条鲜活的青鲫鱼。李时珍收下鲫鱼，付了钱

后，却将昨天的那两条鲫鱼加了一些白术、当归等补气养血之药，早让妻子吴氏熬好了鱼汤，等孩子来了，便告诉他说，这是给他配好的治病的草药。孩子也没多想，高兴而顺从地喝了下去。

就这样，大约一个多月的时间，这孩子天天来给李时珍送鱼，也天天能喝上一碗加了中药的鱼汤，身体很快便强壮起来。

后来，孩子和他的奶奶明白了事情的真相，感激得不知说什么好。消息传出去后，乡邻们对李时珍仗义疏财、诚心善意地为穷苦人治病的高尚行为无不交口称赞。

由于多次给李时珍送鱼，这男孩与李时珍一家也越来越熟悉。李时珍见他聪明伶俐，又是穷人出身，能吃苦、肯干活，便收他做了自己的徒弟，不仅教他读书识字，还教他采药、种药、制药的知识和技术。

这个男孩名字就叫庞宪（字鹿门）。后来，李时珍携带次子建元、弟子庞宪，一起游历各地，采药、辨药、访医、寻方，足迹遍及湖北、湖南、河南、安徽、江西、陕西等地，高山深谷，丘陵沼泽，都曾留下过他们艰难跋涉的脚印，为广泛认识众多药物的生长分布、形态特征、性味功用等，收集积累了丰富的第一手资料，为《本草纲目》的编写打下了坚实的实践基础。

（三）

1544年前后，李时珍每天白天都在医馆里为人看病，晚上回到家中，就认真研读父亲李言闻研究蕲州特产艾叶后写成的《蕲艾传》。读了这本书后，李时珍感到很受启发。

李时珍认为，蕲州还有一个特产，就是蕲蛇。这是一种非常贵重的药物，也很值得研究。因此，他决心要像父亲著述《蕲艾传》一样，也写一部有关蕲蛇的书。

蕲蛇，也叫白花蛇。为了写好介绍蕲蛇的书，李时珍经常到市场上去观察蛇贩子贩卖的白花蛇。但后来有人告诉他，蛇贩子卖的蛇都是从江南兴国州捕来的，与蕲州的白花蛇不一样。

那么，真正的蕲蛇是什么样的呢？怎样才能写好介绍蕲蛇的书呢？李时珍想，唯一可靠的办法，就是直接深入到蕲蛇的产地，亲自到那里了解情况。

这天晚饭期间，李时珍便向父亲李言闻说起了自己的打算。他说：

"父亲，我看了您写的《蕲艾传》后，很受启发，所以也想写一部介绍蕲蛇的书。我准备直接到蕲蛇产地去弄清蕲蛇的情况，您觉得可以吗？"

李言闻一听，说道：

"关于蕲蛇，倒是还真没有人专门研究过，现在你想研究它，这是一件很有意义的事。"

李时珍认真地听着父亲的话，不由得点点头。李言闻又接着说：

"不过，要想研究它，首先就必须要抓住它，否则就无从研究起。但要抓住蕲蛇，可不是件容易的事，听说蕲蛇'其走如飞，牙利而毒'，人如果被它咬了，若不迅速抢救，就会丧命。所以，你想直接到产地去摸清蕲蛇的情况，就一定要特别慎重！"

李时珍说：

"我想研究蕲蛇，目的是为了治好更多病人的病痛，所以只要是对治病有帮助，对后代有好处的，就是冒点险也是值得的。"

随后，李时珍又安慰父亲说：

"我已经考虑好了，我虽然不懂得如何捉蕲蛇，但可以向会捉蕲蛇的人求教。父亲是否还记得一个叫'乌王'的人曾来我们这里看病？

他是龙峰山人，曾亲口对我说过他会捉蕲蛇。我想去拜他为师，在他的指点下，不会出什么意外的。"

李言闻回忆起了这个叫"乌王"的人，也听他说过会抓蕲蛇。如果李时珍去拜他为师，有他的指点，还是靠得住的，所以便点头同意了。

这个叫"乌王"的人，既会捉蛇，也会捉龟，所以人们才称他为"乌王"。前些日子，他的脚生了疮，找了很多医生治疗都没治好，便特意从龙峰山跑过来找李时珍治疗。

李时珍撸起他的裤脚一看，只见他的双脚肿得像个冬瓜，又是脓又是血地直流，不禁惊讶地问道：

"你的脚怎么烂成了这个样子？"

"乌王"回答说：

"我平时经常捕蛇捉龟，不是在草里走，就是在水里走，想必是沾上了毒气，所以才弄成这个样子。"

李时珍对这位捕蛇捉龟的能手非常同情，便细心地给他诊治。他先用药草煮水漱了漱自己的口，然后又将"乌王"的脚用药水清洗了。洗好后，他又替"乌王"把脚上溃烂处的毒脓慢慢挤出来。有些脓头挤不出来，李时珍就自己用嘴去吸。

"乌王"见状，急忙阻拦道：

"李大夫，这可使不得！那会把毒气传给你的，还是用镊子把它慢慢挑出来吧！"

"不行。"李时珍说，"用镊子会增加你的疼痛，而且那样也不容易把脓头拔出来。不拔掉脓头，你这脚就好不了。"

说完，李时珍继续用嘴对准溃烂处，猛地一口把脓头吸了出来。随后，他用草药煮好的水漱了口，又替乌王清洗了伤口，并给他敷好了草药。

"乌王"见李时珍不仅治好了他的脚，还毫不考虑自己的安危，亲自为他吸出脚上的脓头，感动得眼泪直流。

在李时珍的悉心诊治下，"乌王"的脚伤很快就好了。他要给李时珍诊费，李时珍摆摆手说：

"你生活困难，这诊费我就不要了。不过，我有件事想请教你。"

"什么事？李大夫请说。""乌王"忙问。

李时珍说：

"你是捉蛇的人，经常与蛇打交道，有时万一不小心被蛇咬伤了，怎么办？"

"乌王"一听，笑着说：

"哦，你是想要那治疗蛇咬伤的单方吧？"

李时珍点点头，回答说：

"正是。"

"乌王"惊喜地说：

"这个我有。要是不慎被蛇咬伤了，我们就是立即抓上一把草药捣烂，敷在伤口上，同时再生吃一部分；或者把草药捣烂后，把汁液挤出来喝掉，把草药渣敷在被蛇咬伤的地方，以防止蛇毒扩散。人被毒蛇咬伤后，是一定不能延误的，否则就会丢了性命，所以只好采用这种救急的方法。"

李时珍忙问：

"这种草药叫什么名字？"

"叫半边莲。"

接着，"乌王"又把如何识别半边莲的办法告诉李时珍。

李时珍非常高兴，认真地将这些情况记录下来。

（四）

为了弄清真正的蕲蛇是什么样子，写好介绍蕲蛇的书，李时珍在一个晴朗的日子爬上了龙峰山，找到"乌王"。

"乌王"一见到李时珍，非常高兴，忙迎上前问道：

"李大夫，您怎么来了？是来采药的吧？"

李时珍笑着说：

"不，我是来专门向你求教的。"

"乌王"有些不解，堂堂的李大夫，怎么会向自己来求教呢？于是问道：

"李大夫有什么事，尽管开口。"

李时珍说：

"我是想请你帮助我弄清楚真正的蕲州白花蛇是什么样的。我经常在市面上看到蛇贩子贩卖的蕲州白花蛇，但有人告诉我说，那并不是真正的蕲州白花蛇。那么，真正的蕲州白花蛇是什么样的呢？我想你经常捕蛇，肯定能帮我弄清楚这个疑问。"

"原来是这样啊。"

随后，"乌王"向李时珍介绍说，人们常说的蕲州白花蛇就是蕲蛇，只有在这龙峰山上才有，而且现在龙峰山上也不多了。这是一种非常贵重的药材，很多州官为了讨好皇帝，向皇帝纳贡，经常逼着他们去捉，捉不到就要受罚。现在，龙峰山附近还流传着这样的歌谣：

白花蛇，
谁叫尔能辟风邪！
上司索尔急如火，

州中大夫只逼我，

一时不得皮肉破。

积骨如巴陵，

杀尔种类绝，

白花不生祸始灭。

"乌王"还说：

"过去，我们这里差不多家家户户都会捉蛇，但因为官府逼得太紧，这种蛇又有剧毒，一不小心就会出事。前几年，这里还剩下八户捉蛇的人家，现在更少了，只有四五家了。"

李时珍听罢，不由叹息道：

"为了这蕲州的白花蛇，皇帝和州官真是没少找你们的麻烦啊！"

随后，李时珍又说：

"我现在想弄清楚真正的蕲州白花蛇是什么样的，你不用陪我一起去，只需告诉我这蕲蛇一般生活在什么地方，该怎么捉，就可以了，我自己去。"

"那怎么行？您从来没捉过蛇，弄不好要出事的！我陪您一起去。"

说完，"乌王"便带上铁叉等工具，带着李时珍向龙峰山上蕲蛇经常出没的地点出发了。

龙峰山上有个狻猊洞，洞口周围怪石突兀，灌木丛生，还生长着许多野生的药草，其中最多的是石南藤。在紫红色的细藤上，生长着许多深绿色的小圆叶，缠绕在灌木上，气味又臭又辣。这石南藤上的小圆叶，就是蕲州白花蛇最爱吃的东西。所以，狻猊洞一带也正是蕲蛇生活的地方。真正的蕲蛇，也只有在龙峰山的狻猊洞一带才有。

"乌王"带着李时珍来到狻猊洞附近后，没有马上发现白花蛇，两人就在灌木丛中蹲下来，等待白花蛇出洞。一直等到太阳偏西了，他们才突然看到两条长约八九寸的黑质白花蛇，"呼"地一声从洞里窜了出来，真是"其走如飞"。

李时珍一见，立刻高兴地轻声叫道

"来了，来了，这应该就是吧？"

"乌王"点了点头，然后又摆摆手，轻声说道：

"别做声，一旦惊动了它们，他们就会缩回洞里不出来了。"

这两条白花蛇在洞口窜跳了一阵后，开始慢慢向前爬行，并爬上了石南藤，吃着藤上的花叶。李时珍见状，就问"乌王"：

"要怎么才能做到这白花蛇呢？"

"乌王"轻声说：

"不要慌，要等它们吃得差不多了，才能动手。在捉蛇时，先要对着它们的眼睛撒一把沙土，而且一定要撒准，这样才能让它们迷失方向，蟠在那里不动，我们才能捉住它。"

（五）

两条白花蛇仍在石楠藤上蠕动着，继续吃藤上的花叶。过了大概一盏茶的工夫，"乌王"估计它们吃得差不多了，就示意李时珍准备。当看到那两条白花蛇昂起头时，"乌王"立即对李时珍说：

"撒土！"

李时珍一扬手，一把沙土就撒了过去，但因没有撒准，其中的一条蛇"嗖"的一声跑掉了。另一条蛇因被沙土命中，果然蟠在石楠藤上一动不动。李时珍高兴地说：

"我这就去把它捉过来。"

"乌王"一把拦住李时珍，随后，他举起自己手中的铁叉，一叉飞过去，将那条已经不再动弹的白花蛇叉了过来，然后用一根绳子把它捆好，两人这才高高兴兴地提着白花蛇往家里走去。

到家后，"乌王"详细地向李时珍介绍了蕲蛇的特点。他说：

"这蕲蛇的头是龙头。一般的蛇，鼻子都向下，但惟独这蕲蛇，鼻子是向上的；蕲蛇的口像象口，长有四颗长牙，所谓'牙利而毒'，就是指的这四颗长牙。"

说完，"乌王"又蕲蛇翻了个身，继续说：

"还有，这蕲蛇的肋下有24个斜方格子的花纹，蛇贩子拿到市场上去卖的都是假货，也有斜方格子的花纹，所以常人不容易辨认出真假。但外地蛇长而大，蕲蛇却短而小。"

李时珍边听边仔细观察着这条蕲蛇，忽然指着蛇尾问道：

"这蛇的尾巴上怎么还有指甲似的东西？"

"乌王"看了一眼，说道：

"是这样的，它在被人捉住之后，人稍不留神，它就会用指甲似的尾巴划破自己的肚皮，蟠屈而死。"

李时珍一听，笑着说：

"这么说，这白花蛇是宁愿自杀，也不愿死在人的手里吧。"

随后，"乌王"找来一把刀子，对着蕲蛇的肚子"嘶啦"一声划开，并拉出蕲蛇的肠子，洗涤干净，截头去尾，屈曲盘起，再扎缚烘干。

烘干后，"乌王"告诉李时珍说：

"普通的蛇，死后眼睛都是闭上的，但你看这蕲蛇，死后眼睛却是睁着的，像活着一样。更令人奇怪的是，这死了的蕲蛇只要一离开蕲州地界，眼睛就会一只睁着，一只闭上，你说怪不怪？"

听了"乌王"对蕲蛇认真的讲解后，李时珍诚挚地说：

　　"真的很感谢你，帮我弄清了蕲蛇的这么多特点，让我得到了扎实可靠的知识。"

　　"李大夫，您这么说可就太客气了。""乌王"说完，两个人相视一笑。

　　至此，李时珍对蕲蛇的了解可以说是一清二楚了。回到家后，李时珍将他在龙峰山上对蕲蛇考察所得的材料和"乌王"传授的知识一一加以整理，并认真思考，开始写作。经过一段时间的努力，李时珍最后终于完成了一部全面、系统地介绍蕲州白花蛇的书，这就是《蕲蛇传》。

第六章 决心修书

饮食者，人之命脉。

——（明）李时珍

（一）

在长年的临床实践过程中，李时珍深切地体会到，能否准确无误地使用药物，是治疗疾病的关键。药物与病人的关系是最直接而又最密切的，有时甚至关系着病人的生死存亡。由于用药不慎而出现差错，甚至药物中毒而使病人死于非命的事情时有发生。

因此，李时珍对于历代的药物学著作都进行过认真的研究和比较，细心研究各种药物的性味、功用主治、有无毒性等，对药物的形态鉴别，也常常结合实际反复比较。

李时珍发现，古代的药物学著作对于有些药物的记载并非完全正确。有时医生用错了药，也并不都是医生的过错，因为有的药书上将药物的功用记错了，而医生也是将错就错；还有的因为对形态相近而功用不同的药物鉴别不清，药店卖药时张冠李戴，拿错了药物。药物用于病人，本来是为了治好疾病，可一旦用错了药，不仅不能治病，反而还耽误了病情，害了病人。更严重的，药用反了，或药物中毒，便可能发生

人命关天的大事。

于是，李时珍萌生了重修一部药物学著作的念头，这也是《本草纲目》孕育的开始。李时珍想，一个医生的精力毕竟有限，医术再高明，药物再精通，短短几十年的寿命又能救治多少病人呢？如果能写一部医书，将药物的功用都记载确切，药物的形态都真实无误，将古人本草学著作中的错误都订正过来，治病的经验都记载在书里，使之流传下去，不是就可以造福万代了吗？

有一天傍晚，李时珍正在翻阅《证类本草》，忽然一个人闯了进来。只见他满头大汗，上气不接下气地说：

"先生，请您赶快去救命吧！"

李时珍让他安定下来，然后把事情说清楚。原来，这个大汉的妻子生了小孩之后，大便干结不通，小便滴沥难解，下腹胀痛，难以忍受，便请了一个走方郎中来诊治。这郎中在自己的药囊中取出一包白色粉末状的药物，让他妻子分三次喝下去，并告诉他说，这是芒硝（即硫酸钠的水合物），是专门通利大小便的。说完，郎中收了钱便走了。

大汉按照郎中的嘱咐，将药末冲好后让妻子服下，第一天大小便仍然不通。第二天早晨，他又多取了一些药，又给妻子冲了一大碗，让妻子喝了下去。哪知到了下午，妻子不仅大小便未通，下腹部胀痛得更加厉害了，并觉得全身燥热难忍，头痛、心慌、口干舌燥，喝了几大碗水也不解渴。

大汉见妻子的病不但没好，反而还加重了，心想这药可能不对症，于是急匆匆地来到李时珍家中，请李时珍帮忙。

李时珍听完事情的经过，意识到了问题的严重性，很可能是药用错了。他急忙披上一件外衣，连夜跟随这名大汉来到他家。进屋一看，大汉的妻子正痛苦地躺在炕上，呻吟不止。李时珍发现她面部已呈紫红色，就让她张嘴看了一下舌苔，只见舌色青紫，舌体胀大，一股秽浊的热气随着急促的呼吸从口鼻里喷出来；他又摸了一下病人的腹部，胀得又鼓又硬；再诊脉相，发现脉相跳得很快。

根据妇人的这些症状，李时珍断然说道：

"肯定是用错了药。"

李时珍让大汉把剩下的一点药末拿过来，将药末放在手心里看了一下，又用食指蘸了一点，放在舌尖上尝了尝，然后说道：

"这不是芒硝，是硝石，是火硝！"

随后，李时珍立刻为妇人开了一个清热解毒、凉血润燥、滑肠通便的药方，让随从的弟子庞宪回家取药；又让大汉找来蜂蜜和麻油，将其混合在一起，亲自熬制成一种栓剂，让其丈夫将栓剂纳入妇人的肛门内。

药煎好后，由于妇人已经几天大小便不同，腹胀难忍，根本喝不下多少药液，李时珍就嘱咐大汉一小勺一小勺地先慢慢喂她一些，待药力下行、能够接受时，再多喝一些，直到她将药全部喝完。

第二天一大早，李时珍顾不上吃早饭，又去诊视那个妇人。这一次，他见病人已经比较安稳，脉数也减了下来，但仍未大便，只是解了两次小便。李时珍又给她开了一副药，到中午时，大便终于通了下来，妇人脸上的痛苦表情也消失了。

（二）

李时珍见病人已经安全脱险，才放心地返回家中。回家之后，弟子庞宪针对这一病人的情况向李时珍请教道：

"老师，为何那妇人错吃了硝石，病情就变得那么严重。"

李时珍认真地回答说：

"芒硝和硝石从表面上看，形态很相似，不易分别，但二者的性味、功用却大不一样。"

说着，李时珍从自己的书籍中拿出几本古代的本草书递给庞宪看，并说：

"芒硝这种药，在《神农本草经》中记作朴硝。芒硝只是朴硝的一种，是后来才有的名称。《名医别录》则称此药为硝石朴。之所以起名为'硝'，是因为这种药物见水即消，而硝石又能消化其他东西，因为它生于盐卤之地，形状很像盐末，所以又称为烟硝。又因为牛、马、羊等兽类的皮革加工须应用硝石，所以也有人称其为皮硝。"

庞宪地听着，还不时地记着笔记。

李时珍继续说道：

"硝石这种药，《神农本草经》中也有记载，但《名医别录》中却将硝石称为芒硝，给后人造成了混乱。由于硝石可以制作火药，遇到火能够燃烧，所有又叫火硝、焰硝。因为历代的本草书籍记载混乱，分辨不清，而且这两种药物外观又很相似，所以用的时候很容易造成差错。其实从性质上来说，'硝'原本分为水、火两种，《神农本草经》中的朴硝即是水性的，硝石即是火性的；从药性上来说，朴硝辛咸而寒，性凉无毒，硝石苦咸而温，性热而有毒。这位妇人产后大小便不通，是由于伤血过多，体内水液耗失，不足以濡润大肠、滋养膀胱，所以才会大便干结，小便艰涩。治疗的方法，只能以养血凉血、生津润燥的药物为主，适当佐以通利小便和滑肠的药物，才是正确的。那个江湖郎中使用芒硝，虽然可以使大小便暂时通利，但却不能从根本上将这妇人的病治好。原本已经不大适宜，再加上又错用了温热有毒的火硝，简

直就是火上浇油。所以，那妇人的病情必然会加重。"

从现代药物化学来说，朴硝的主要成分是硫酸钠，硝石的主要成分是硝酸钾，二者对人体的药理作用的确有所不同，这说明李时珍当时的认识是符合科学道理的。

庞宪听完老师的一番话，不无感慨地说：

"看来，医生只有详细地分清各种药物，明辨其药性、药理，才能正确使用药物，真正达到治病救人的目的。否则，用错了药物，不仅可能耽误病情，还可能成为杀人害命的刽子手啊！"

李时珍点了点头，接着说道：

"实际上，古代本草书籍对于药物记载的混乱远不止朴硝和硝石这两种药物，如葳蕤和女萎本来是两种药物，但有人却误认为是一种；更有甚者，具有补气强身作用的黄精和具有剧毒、吃了会致人死地的断肠草，本来形态上很容易鉴别，却也有人分辨不清。这些如果不搞清楚，都会贻害无穷啊！"

（三）

通过对历代本草书籍的研究，李时珍发现，最早的《神农本草经》记载了365种药物，梁代陶弘景的《本草经集注》则增加了一倍，记载有730种药物；到唐代的《新修本草》已经达到850种，并且已经有了描述药物形态的本草图；至宋代唐慎微的《经史证类备急本草》（简称《证类本草》），则一跃而达到1558种，对药物的分类也更加详细，计有玉石部、草部、木部、人部、兽部、禽部、虫鱼部、果部、米谷部和菜部共十个系列，在每部当中，又依《神农本草经》的分类方法，依次按上品、中品、下品的次序排列，每种药物均绘有图形，并广泛征引历代文献中有关该药物的记载，每种药物均记有正名、别名、性味、毒性、药效、主治、产地、生药形态、采制方法及效验单方和治病医案等，内容非常丰富。

至于其他如《桐君采药录》《雷公药对》《李当之药录》《吴普本草》《雷公炮炙论》《药性本草》《千金食治》《食疗本草》《本草拾遗》《海药本草》《四声本草》《删繁本草》《本草音义》《本草性事类》《食性本草》《蜀本草》《开宝本草》《嘉佑本草》《本草别说》《本草衍义》《药类法象》《汤液本草》《日用本草》《本草集要》《食物本草》《本草汇编》等，凡是李时珍能看到的本草书籍，他都会一一细读，反复比较，从中发现在内容和编排方法上的优缺点。

在李时珍看来，唐慎微的《证类本草》中收载的药物最多，内容也最丰富，是他最喜欢的一部。但是，自《证类本草》之后的400多年，药物学一直都停滞不前，没有人再重新编写"本草"书了。而且在分类方法和编排体例上，李时珍也认为《证类本草》仍然不够完备和妥善。

为了避免医书和医生以后再次贻害病人，李时珍冥思苦想，意图寻找一种解决这个难题的方法。渐渐地，李时珍在读书、采药，甚至给病人看病的过程中，产生了这样一个念头：

"为什么不能再编写一部比《证类本草》更加完备的药物书呢？"

在日常的阅读中，李时珍不仅发现一些"本草"书中有许多缺陷和错误，同时在自己的医疗活动中，他也发现不少药物没有被记载入"本草"书中去。他想：

"以往的'本草'类书籍不仅有错，里面的知识现在用起来也已经远不够了。"

李时珍还记得，蕲州曾发生了几起因药物混乱而出问题的事：一个自命懂得医道的乡绅，将草乌头当成川乌头配了一副药给自己吃，结果吃死了；还有一位医生，给一个癫痫病人开了一味叫防葵的药，也吃死了。

防葵本来是一种补药，怎么会吃死人呢？李时珍仔细研究后发现，原来是这位医生将防葵和狼毒搞混淆了。狼毒是一种毒性很强的药物，但这位医生却将狼毒当成防葵吃了下去，怎么能不死人呢？这位医生之所以弄错，就是因为"本草"书中将药讲错或是讲含糊了，故而才被误用，造成恶果。

下定了重修本草、订正前人错误的决心后，李时珍逐一研究了历代的本草书籍，发现其中记载药物的数量是由少到多，药物著作的规模也是由小到大、逐渐丰富和完备的。

于是，李时珍就想借鉴南宋朱熹所编写的《通鉴纲目》的体例方法。这本书虽然属于文史方面的著作，是在司马光《资治通鉴》等书的基础上简化内容而成书的，但这编排的方法和体例上却纲目清晰，次序井然，很容易查阅。

所以，李时珍认为，自己所编的这部书也应该方便于人们经常翻阅查找，必须能够提纲挈领、条理清晰，纲目方面，最后，他将自己准备重修药学著作的书名定名为《本草纲目》，这是他同时借鉴吸收《证类本草》和《通鉴纲目》两书的长处而决定的。由此也可以看出，李时珍在治学方面广收博采，各取所长，既有继承，又有创新的成功方法。

有位药铺主人，膝下有一个女儿，聪慧美貌。为了给女儿选一个才华出众的男子结为伴侣，药铺主人决定用药名作上联征婚："玉叶金花一条根。"许多求婚者望联兴叹。其中有一位姓马的青年为人忠厚，只是略欠文采，他不得不求李时珍帮忙。李时珍助人为乐，脱口对道："冬虫夏草九重皮。"铺主见马公子比较英俊，又交给他一副上联，限他一天内对上。这上联是："水莲花半枝莲见花照水莲。"马公子只得再请李时珍对出下联："珍珠母一粒珠玉碗捧珍珠。"铺主看后非常高兴，随即再出上联"白头翁牵牛耕熟地"，限半天对出。马公子无奈三求李时珍。李时珍为了成全这桩婚事，稍假思索，用"天仙子相思配红娘"作下联。铺主十分满意，当即答应订婚。

第七章 王府医病

身如逆流船，心比铁石坚。望父全儿志，致死不怕难。

——（明）李时珍

（一）

随着李时珍治病的声誉日高，影响渐大，引起了明朝政府的注意。明嘉靖三十年（1551），明朝宗室分封在武昌的楚王朱英（火金）得知李时珍医术精湛，便决计召他入楚王府，聘请他担任侍医，即自己的保健医生。

朱英（火金）是楚愍王朱显榕的第二个儿子，是一个世袭的王子。在我国封建社会里，封建帝王可以将自己家族内的子孙随便封在全国的任何地方为王，被封的王子在这个地方享有多方面的特权，而且王位也是世袭的，可以代代传承下去。武昌的楚王，就是当年朱元璋在洪武三年（1370），他的第六个儿子朱桢降生后敕封的，传到朱英（火金）这一代，已经有170多年的历史了。

一次，朱英（火金）的儿子得了急症，突然昏迷不醒，人事不知，找来很多医生医治，都没有治好。楚王府中一片悲恸的哭声，都以为孩子没有指望了。朱英（火金）对李时珍的医术早有耳闻，于是就召李时

珍前来诊治。

李时珍对于楚王的征召并不情愿，因为贵族人家大多骄横跋扈，他不愿意在别人的颐指气使下奴颜婢膝地过活，这是其一。其二，进入楚王府后，他决心重修本草的工作就会受到很大干扰。但是，在封建社会里，老百姓受到王府的征召，是不敢不去的。

于是，李时珍只好只身来到楚王府，楚王任命他担任奉祠所的奉祠正，主管祭祀事务，同时兼管良医所，负责诊治王府中的病人。

李时珍入楚王府不久，就镇静自若地采用了别人不敢用的催吐和攻下一类药物，将朱英（火金）的儿子很快抢救过来。

李时珍这样做，不是靠大胆，也不是靠天才，而是靠科学的分析与判断。他揣摩着，富贵人家的子弟，平时都过着养尊处优的生活，他们所患的疾病大多因嗜欲和饮食太过所致。由于诊断正确，所以治病就能立竿见影。

在楚王府中，李时珍还治好了其他许多疑难杂症，楚王准备用重金酬谢他，但李时珍却坚辞不受。李时珍别无他求，只希望能利用好王府的藏书条件，多阅读一些书籍。

在这里，李时珍阅读到了不少珍贵的文献，其中包括许多医药书籍，但仍然感到不满足。他希望能有机会读到更多的医书，看到更多的药物标本，以便以后圆满地实现编书的宏愿。

然而，李时珍在楚王府的工作并不顺利，心情也不愉快，因为朱英（火金）是个迷信仙道、酷爱炼丹的人，府内养着很多修仙炼丹的方士老道。嘉靖皇帝本来就宠信仙道，在宫中设立坛醮和炼金场所，故而地方官吏上行下效，也都在各地设坛炼丹。

一些方士、道人们，为了迎合统治阶级的嗜好，还编造出许多修仙服丹可以长生不老的异端邪说，来讨好官宦贵族，结果朝野上下一片乌烟瘴气。

李时珍一向对炼服丹药可以成仙不死的迷信说法持否定态度，因此也常常与这些方士、老道们发生争执。

（二）

服丹修仙，在我国魏、晋、南北朝时期曾经盛极一时，致使许多人因为服食丹药而生出许多怪病，最后死于非命。到了明朝中后期，人们出于对长生不死的迷信追求，炼丹服食之风再次死灰复燃。

烧炼丹药，本来是我国历史上制药化学的先驱，它使我国古人对某些矿物药在一定条件下的化学变化产生了初步的认识。但是，由于当时条件和水平的局限，人们还不能清楚地认识各种矿物药的化学变化所产生的新生物质的药理，于是就出现了种种说法，而服食丹药可以长生不老的观点便是其中之一。

比如，晋代的葛洪在他所著的《抱朴子》一书中就说道：

"丹砂烧之成水银，积变又还成丹砂，其去凡草木远矣，故能令人长生。金汞在九窍，则死人为之不朽，况服食乎。"

古人认识到物质之间可以转化是正确的，但认为金、汞等重金属能令死人的尸体不致腐烂，就可以令活人长生不死的观点，显然是大错特错的。因为当时炼丹所用的矿物主要是水银、朱砂、硫磺、雄黄、铅、锡等，这些物质在进入人体后，都具有一定的毒性。服用之后，不仅不能长生，反而还会加速死亡。

李时珍曾经以科学求实的态度告诫人们，经常烧炼的丹药的确可以当作外用药物来治疗一些疾病，如癣、疖、疮毒等，但切不可内服，否则对人体是有害的。他还以水银为例，指出其进入人体内能"入骨钻筋，绝阳蚀脑，阴毒之物，无似之者"，并针对古书上记载久服水银可以长生不死的错误说法不无感慨地说：

"像水银这样一种有害于人体的剧毒药物，《大明本草》却说它无毒，《神农本草经》中说长期服用它可以成仙，唐代大医家甄权说它能令人不死，《抱朴子》也认识它是一种长生之药。自六朝以来，那些贪生者服食，造成终生残废乃至丧命的人还不知道有多少呢！"

接着，李时珍又愤慨地指出：

"对于服食丹药可以长生不老这类与事实相违背的无稽之谈，方士、老道们怎么说固然不足挂齿，但作为治病救人的本草医书，怎么能这么不负责任地随便乱说呢！"

李时珍的这种观点在今天看来是非常正确的，但当时在楚王府中，他的这种观点却是很不受欢迎的。

有一次，楚王服用丹药之后，浑身燥热，大渴难忍，头痛欲裂，赶紧将李时珍找来诊治。李时珍给楚王服用药物之后，症状缓解了，然后又告诉楚王，这是因为服用丹药所致。楚王将信将疑，李时珍便将古人服用丹药致死的大量事实列举出来，希望能说服楚王。

（三）

李时珍说，宋朝的寇宗奭在他的《本草衍义》一书中，已经列举出许多服用丹药致死的例子，如唐代一位名叫李于的大学士，服用了方士柳泌炼制的丹药后，大便下血而死。

宋代有一个名叫归登的工部尚书，自己叙说自己服用以水银炼制的丹药后，就像有一根烧红的铁棍从头顶一直向下贯穿到脚跟一样，浑身上下好像都在燃烧，口、鼻、耳、目等九窍简直像喷火一样，以至于狂痛呼号，恨不得一下子死掉才好，最终因口吐鲜血而亡。

此外，曾做过殿中御史的李虚中，因服食丹药，背部生疮而死；御史大夫卢坦，服用丹药后小便尿血，浑身肌肉剧痛而死。其他还有很多人，如刑部尚书李逊、刑部侍郎李建、工部尚书孟简、将军李道古等，都是服用丹药之后，不明不白地突然死亡。就连唐朝的著名诗人韩愈，年轻时曾反对服用丹药，晚年却因服用硫磺而死。

这些人为了祈求长生不死而服用丹药，结果不仅没有长生不老，反而死得更快。一个人没有疾病，好端端地放着五谷、蔬菜不吃，却去服用什么仙丹妙药，不信常道而信鬼怪，这不是太愚昧了吗？可是人们却仍然执迷不悟，这实在是可叹可悲！

楚王听了李时珍的一番话后，服食丹药以求长生不死的想法开始动摇了。可是，那些方士、老道们眼见李时珍揭穿了他们的老底，夺了他们的饭碗，怎能坐视不理呢？因此，他们纷纷站出来反驳李时珍，并托出《神农本草经》《抱朴子》等古代书籍中有关水银、朱砂等久服可以成仙的记载，企图驳倒李时珍。

李时珍没有退却，他说，古人记载流传下来的东西固然宝贵，值得我们继承发扬，但古人的东西不一定全部是正确的。因此，我们不能盲目地迷信古人，认为古人的一切东西都完好无缺，一切都正确无误。历史是要向前发展的，人的创造活动也是无限的，古人的东西需要经过今人的修正和补充，才能更加完美。

李时珍反问这些方士、老道们，可否看到现实社会中有谁因为曾服食过丹药而得道成仙、长生不死的？当年的秦始皇、汉武帝那么热衷于炼丹服药，最终不也死了吗？人生生老病死的过程，是天地万物发展的自然规律，谁也无法抗拒。

李时珍的话有理有据，言锐意雄，将道士们一个个驳得哑口无言。

但从此之后，出王府的这些方士们对李时珍更加痛恨了。

李时珍虽然在这场争论中获胜了，但当时全国各地仙道之风正盛，因此终究寡不敌众，一个人的力量是不足以扭转这种风气。楚王的态度也总是将信将疑，始终经不住道士们的妖言蛊惑。因此，李时珍便逐渐被楚王疏远了。但李时珍也乐得清静，这样他就可以有时间来为《本草纲目》积累资料，构思编写了。

武昌城内有一座蛇山，蛇山脚下有一座观音阁，阁内有一个慧通和尚，颇好医学和本草。李时珍有空就经常来与慧通和尚切磋交流，谈论医药之理，从中获益不少。同时，他还在观音阁中为当地的百姓诊治疾病，深得百姓们爱戴。李时珍出身于普通家庭，走到哪里，总是与群众打成一片，为他们解除病痛。

第八章　太医院判

刳肝以为纸，沥血以书辞。

——（明）李时珍

（一）

李时珍在楚王府中得不到重用，又想着家里每天都有不少病人找他们父子看病，便想回到蕲州。但楚王担心自己儿子的病万一再复发，没人能治得了，所以硬是不让李时珍离开。

一天，李时珍正在书房看书，侍女来禀报，说楚王有请。李时珍在侍女的陪同下来到内殿。进门施礼后，李时珍问道：

"王爷，不知道找我有什么事？"

楚王让李时珍免礼，然后笑着说：

"李时珍，你治好了公子的病，王妃今天高兴，要赏你点东西。"

说完，楚王示意一旁侍女端着一盘金银珠宝，送到李时珍面前。

李时珍感到十分突然，一时不知如何是好。他想，金钱和官位对他来说都不重要，现在他又不能离开楚王府，唯一的心愿，就是希望能通过楚王上奏朝廷，重建修一部新的"本草"，这才是关系平民百姓和子孙后代的一件大事，可他却一直找不到机会向楚王说这件事。

现在，楚王身边没有闲杂人等，正是李时珍向楚王提着此事的最佳时机。因此，李时珍说道：

"时珍并非不想要王爷的赏赐，只是时珍还有一个愿望想要王爷成全。"

"什么愿望？你说说。"

"如今，'本草'书已经有400多年没修了，要是王爷能上奏朝廷重修一部'本草'书，并让我也参加进去，这比赏赐我什么东西都让我感激。"

楚王一听，哈哈大笑道：

"这算什么大事，也值得本王上奏朝廷？！告诉你，当今皇上要的是仙丹，不是什么'本草'，你别胡思乱想了！"

李时珍见楚王拒绝了他的请求，感到很失望。这时，他忽然想到北京有个太医院，是专门负责管理这类事情的机构。如果能通过太医院去上奏朝廷，也是个不错的办法。因此，李时珍又对楚王说：

"那么就请王爷把时珍保荐到太医院去好了。"

楚王一听，笑着说：

"这个要求我倒是能答应你。好吧，我就保荐你去太医院。"

太医院是直属于皇宫的医疗机构，不仅各地的名医都汇聚于此，而且全国各地所产的珍贵药物也应有尽有，以满足皇帝和宫内官吏们奢侈腐化的需求。

太医院内设院使一人，官阶为正五品；院判两人，官阶为正六品；以下设御医、吏目若干人，并设有御药房、生药库、惠民药局等机构。

如果皇帝患病，诊治的程序是十分复杂的，首先要由太医院的院使、院判和御医共同诊视，然后各自写出一份关于诊断情况和治疗方法的书面材料，最后将几个人写出的材料进行对比，斟酌商定出一个最佳的治疗方案，再由专管太监去御药房选药配方。药物配好后，由院使、院判、御医和太监共同签名，并附加一份说明病情诊断和药方的特性、药理的奏本，呈送给皇帝御览。皇帝同意之后，才能煎药。

煎药也要按方取两份药物共同煎煮，并由太监和御医监视。药煎好后，药液也被分为两份，一份由御医和太监先尝。如果御医和太监喝下去后没有不良反应，皇帝再喝另一份。

最后，还要将诊断、取药和治疗的经过记录在案，以备查考。

（二）

大约在嘉靖三十七年（1558），为了填补太医院的缺额，礼部命令各地举荐医学人才，楚王才趁此机会，将李时珍推荐到太医院去。

李时珍知道，太医院并非专门研究医学的地方，而他之所以想去太医院，并不是想去当官，而是想使自己那重修"本草"的愿望早日实现。他想，太医院是个管理全国医政的机构，那里的人都是精通医术的同行，对于重修"本草"这件事，他们也定会支持，因此也会很快上奏朝廷，求得支持。李时珍估计，这重修"本草"一事，应该很快就可以在太医院里实施起来。

为此，李时珍提前将自己多年来搜集来的资料都整理好，写了几本工工整整的笔记，带在身边，准备献给太医院。他对太医院是满怀希望、满怀信心的，一想到进入太医院后就可以实现自己的愿望，心里真是有说不出的高兴。

然而，在进入太医院一段时间后，李时珍才渐渐明白，由于嘉靖皇帝每天只醉心于追求所谓的"长生不老之药"，这个名为管理全国医政的太医院，实际上已经成了专门为宫廷炼制"仙丹"而忙碌的服务机构。太医院里的那些官僚们，整天也都在忙着替皇宫里的道士向各地征集供炼制"仙丹"所用的水银、雄黄、砒霜一类的东西。

那些所谓的太医们，也根本不是什么技艺高超的医生，而是一群不学无术的庸医。他们每天所谈论的，不是"仙丹"，就是"长生不老之药"。至于对许多民间医生在实践中发展起来的医学理论，他们则看将其成是"无稽邪说"。

早在嘉靖二年（1523），也就是朱厚熜刚刚当上皇帝的第二年，他就皇宫中设立了坛醮以祈求长寿。从此之后，炼丹求仙之风逐渐从皇宫向外扩散，进而波及到全国各地，且愈演愈烈，一发而难止。

嘉靖五年（1526），嘉靖帝宠信仙道，封道士邵元杰为真人。为了建坛炼丹，全国各地都耗费了大量的人力物力，湖光一带的木材，景德镇的瓷器，广东、广西的龙涎香，陕西、四川的硫磺，辰州（今湖南省沅陵、坏话一带）的朱砂，山西、辽东的人参，以及全国各地的灵芝草、梅花鹿等，都要由当地的老百姓采收、捕捉，进献给朝廷，以供他们奢侈的需求，结果弄得民生凋敝，百姓怨声载道。

面对朝政荒废、经济衰退、百姓困苦的社会现实，也有忧国忧民的官吏对嘉靖帝的做法表示不满的。嘉靖十九年（1540），太仆卿（掌管皇室车马的小官）规劝嘉靖皇帝不要再沉迷于炼丹求仙之中，应关心国家大事、民生疾苦，结果惹怒皇帝，被毒打致死。

后来，任户部主事的海瑞也曾上书，指责嘉靖皇帝久不视朝，专事斋醮，又触怒了嘉靖，海瑞也因此被捕下狱而定死罪，幸得穆宗朱载垕继位，才获释出狱。而那个不听善言相劝的嘉靖皇帝，最终也因服用丹药，中毒身亡。

李时珍耳闻目睹了这些情况，对自己重修"本草"的愿望是否还能在太医院施行这件事，开始有些怀疑了。

（三）

由于得不到重用，李时珍在太医院只被安排了一个一般性的工作，而他又不愿与那些官员们及不学无术的庸医为伍，因此在事情不多的情况下，他就经常到太医院的药王庙、御药房和寿药房等一些地方走动。

在这些地方，堆放着全国各地进贡和征集来的成千上万种药材，有些药材甚至是李时珍从来没有见过和听过的，这就深深地吸引了李时珍。李时珍觉得，为了进一步做好重修"本草"的准备工作，丰富自己的研究和著述内容，这里就是很好的学习场所，应该充分地加以利用。所以一有空，李时珍就到这几个地方来。

一天，李时珍又来到太医院的药王庙中学习，无意中看到这里供奉着一座显示人身各个穴位的铜人模型，感到十分高兴。虽然李时珍没有专门学习过针灸，但他认为，作为一个医生，对于人体的各个穴位应该熟悉和了解。

以前，李时珍曾读过《铜人腧穴针灸图经》和《铜人针灸经》，但一直都没有结合实际进行了解和学习。现在，他有机会看到这样一具与人体一模一样的铜人模型，觉得正好趁机结合实际学习一下。

于是，李时珍便将这个铜人模型所显示的人体各个穴位进行了仔细的辨认和研究，从而使他对人体的每个腧穴、经络和理路都有了具体而透彻的认识，这也为他以后著述《奇经八脉考》一书打下了很好的基础。

堆放在御药房和寿药房中的各地进贡和从外国进口的形形色色的药材，更是让李时珍大开眼界。他经常带着一些在老"本草"书中发现的问题，结合堆放在这里的实物逐一进行研究、比较和鉴别，从而获得了巨大的收获。

比如，人参是一种非常贵重的药物，它种类多、产地广、药用价值高。李时珍曾经认真地读过父亲李言闻所写的《人参传》，对人参有了一定的了解，但却从未进行过仔细的研究和比较。

而现在，御药房和寿药房中各种各样的人参都有，如潞州的党参、辽东的红参，朝鲜的紫参，以及白条参、西黄参等。此外还有荠苨、桔梗等类似人参的药物。这些名贵的参类，对李时珍研究此类药物提供了极其方便的条件，对如何鉴别真假参类，李时珍也做到了心中有数。

太医院还有一个非常吸引李时珍的地方，就是太医院的书库。李时珍一走入书库，看到四壁高高的书架上，摆满了历代医界人士撰写的各种著作，内心又惊又喜。在这里，各种医书、药书都应有尽有，简直是琳琅满目，目不暇接。

平时，除了应付例行的公事外，李时珍几乎每天都要到书库中来，有时坐在里面阅读，有时则埋头整理笔记。管理书库的老院役见李时珍每天都这样专心致志地做学问，十分钦佩地说：

"在咱们这太医院里，我还没有看到第二个像您这样，天天来书库读书的人呢！其余那些人啊，都忙着给皇上炼'仙丹'，根本顾不上来这里看书啊！"

李时珍谦虚地笑笑说：

"我只是觉得，放着这么多好书不读，真是太可惜了！"

老院役点了点头，说道：

"是啊，只有您才会这么想。"

想让朝廷出面主持重修一部新的"本草"书，这是李时珍时刻都铭记的大事。来到太医院后，他已经两次请太医院的头目——院使转奏朝廷，建议朝廷重修"本草"了，但至今也没有结果。

李时珍哪里知道，太医院中的这些官员根本没把李时珍的建议当回事，院使也早就把他写好的说贴塞到公文堆里，再也没有理会过它，更别说上奏朝廷了。

一天，太医院召开议事会，李时珍也参加了。当议事快要结束时，李时珍又一次向老院使提出上奏朝廷重修"本草"的建议，老院使显得很不耐烦，说他的请求"不是当务之急"，而院判更说指责李时珍要求重修"本草"的建议是"狂妄之想"，是"擅动古人的经典"。

李时珍生气，义正词严地反驳道：

"这怎么能说是'狂妄'和'擅动古人经典'呢？今人比古人懂得多一点，这是很自然的事。如果说旧'本草'就不能再修，那不是只要有《神农本草经》就行了吗？其余的'本草'书又有什么用呢？"

院判被李时珍反驳得张口结舌，一时无话可说。老院使见状，更是找不出反驳李时珍的理由，只要颤抖地指着李时珍喝道：

"不论如何，你要重修'本草'，咱们太医院就是不修！实话告诉你，皇帝根本就不想修什么'本草'！我们怎么能凭你一句话就随便轻举妄动呢？"

李时珍没想到，像太医院这样一个管理全国医政的机构，竟然会如此顽固地反对重修一部新"本草"。

虽然在太医院碰了钉子，但李时珍并不气馁。他仍然像往常一样，每天一有空就到御药房和寿药房去辨认、鉴别各种药材，或者到书库去翻阅资料，他决心要为修编一部新的"本草"书做好充分的准备工作。

一次，李时珍采药回来，路过一个茶馆，就进去歇歇脚。当时天气炎热，茶馆里几个人都光着膀子玩纸牌，有个人靠壁坐着，每次用手指在嘴唇上舔一下沾点唾沫再起牌。忽然，他感到背后发痒，就和沾着唾沫的手指去抓痒，一连几次都是这样。这个人觉得很怪，打完牌回头一看，壁上有个窟窿，里面有条蛇，蛇头朝外，已经半死不活了。李时珍过去拿起这条蛇仔细看了看，又看了看那个抹牌人的后背，心里就清楚了。原来，打牌的人背上发痒是因为蛇的舌箭在舔，打牌人不断用沾着唾沫的手指抓痒，人的唾沫带到蛇的嘴里，蛇就快要僵死了。此后，把药草放在嘴里嚼嚼再敷在蛇咬的地方的治疗方法就流传了下来。

第九章　返乡之路

何敢自矜医国手，药方只贩古时丹。

——（明）李时珍

（一）

这天，李时珍正在太医院的书库中查阅资料，忽然一个小太监气喘吁吁地跑来，对李时珍说：

"李太医，皇宫有人来了，要宣您去瞧病。"

李时珍听说宫里人要他去看病，也不便问是谁，起身跟着小太监便出去了。

李时珍跟随小太监穿过绿树成荫、花草茂盛的小道，转过几道迂回曲折的长廊，来到一座庭院之中。这时，只见庭院那边的灌木丛中冒起了一股股浓烟，正朝李时珍这边迎面飘来。这种带着怪味的浓烟，呛得李时珍接连咳嗽了几声，同时也不禁皱起了眉头。

李时珍知道，那里正是太医院为当今皇帝炼制"仙丹"的地方。为了能炼出人服用后能长生不老的"仙丹"，太医院每年都要向全国各地征集水银、砒霜、雄黄等物质，以供炼丹之用。这飘来浓烟的怪味，就是从那炼丹的地方冒出来的。

随后，小太监将李时珍引到一个大厅的前面，李时珍发现，太医院的老院使正站在大厅门口等着他呢。他一见李时珍来了，就向里面指了指说：

"赶快到里面的诊室去吧，皇宫中有人在等待问诊呢！"

李时珍走进大厅后，发现这是个雕龙画凤、装饰华美的房间。他习惯性地将整个诊室打量了一遍，然后才在一张几案边坐下来，并顺手将放在案上的脉枕挪了挪位置。

这时，尾随李时珍进来的老院使急忙亲自走到挂有五颜六色彩珠的帐幕后面，牵出一根长长的红色丝线，递到李时珍手上说道：

"诊个脉吧！"

李时珍用左手接过线头后，首先将丝线慢慢拉直绷紧，然后又将右手的食指和中指并在一起，轻轻按在丝线上，开始静静地诊起脉来。

这是什么诊脉法？医学上将其称为"丝线诊脉"。

原来，当时有个规定，凡是给宫廷中的官员看病，医生都不能面诊，也不许直接在其手上诊脉。怎么办呢？后来，有人便想出了这样一个方法——"丝线诊脉"，就是用一根丝线，一头系在问诊者的手腕上，另一头则由医生捏着。当医生用右手指按在丝线上时，脉搏起伏跳动的情况立即就能在丝线上反映出来，而医生根据这反映在丝线上的起伏跳动情况，来了解病人脉搏的跳动情况，从而判断病情，开出药方，进行治疗。

李时珍进入太医院后，已经多次给宫廷中的官员诊病了，每次给这类官员诊病，都只能用这种方法。因此，他对这种诊脉方法已经相当熟悉，对病情的判断也已经相当迅速和准确。

但是，李时珍今天遇到的情况却有些不一样。他左手轻轻捏着丝线，右手指按在丝线上，一直都在非常细心地诊断着。这时，插在镏金铜炉中的一炷香差不多都要燃完了，李时珍也没有诊断出一个头绪来。因为他感觉，从脉搏跳动的情况来看，这脉搏不像是一般人的脉搏，这是怎么回事？

一旁守在李时珍身边的老院使见状，着急地催促李时珍道：

"今天怎么回事，怎么这么久也诊不出？"

此时李时珍也有些着急了，额头已经渗出了汗珠。他见老院使在一旁催促他，便让自己努力镇静下来，说道：

"请再稍等一会儿，让我再仔细判断一下。"

镏金铜炉里已经燃起了第二炷香。随着那袅袅升腾的烟雾，李时珍的心也开始翻腾起来。他在认真回顾这些年来为病人诊脉的情况，但在他所有诊过的脉相中，从未遇到过像今天这样的脉搏跳动的情况，这到底是什么病症呢？为什么这么难以得出结论？

正当李时珍迷惑不解之时，忽然从帷幕后传出一阵咳嗽声。李时珍一听到这咳嗽声，再也不敢迟疑了。他站起身，对身旁的老院使说道：

"很抱歉，这病我看不了。说实话，我是第一次碰到这么奇怪的脉搏跳动。"

老院使一听，低声斥责道：

"你胡说什么？这不就是脉吗？有什么可奇怪的！"

李时珍沉思片刻，然后壮着胆子说：

"恕我直言，按我的诊断来看，这脉相清幽离奇，因此，我现在所诊的这个病人，如果不是神仙，就是怪物！"

老院使一听，吓得大声呵斥道：

"胡说八道！这里面明明是当今皇上，怎么会怪？"

李时珍一听是皇上在帷幕后面，吓得急忙跪倒在地，准备请皇上恕罪。就在这时，捏在他手中的那根丝线突然被一股什么力量扯开了，紧接着，一只小花猫从帷幕后面窜了出来，然后"呼"的一下窜出门去。在它的腿上，拖着一根长长的红色丝线……

老院使一见，立刻惊诧地张大了嘴，李时珍也莫名其妙地瞪大了眼睛。

（二）

正当老院使和李时珍被眼前这突然出现的意外情况弄得不知所措时，忽然从帷幕后传来一阵大笑声。那小太监一听到这笑声，慌忙过去撩开帷幕。

这时，只见一个头戴皇冠、身穿龙袍的中年人，缓缓从里面迈着方步走了出来。啊，这不是明世宗朱厚熜，也就是当今的皇上嘉靖帝吗？

老院使一见，慌忙扑通一声跪倒在地，连连叩头，山呼万岁，然后又垂着头说：

"老臣有罪！老臣有罪！"

李时珍见此情景，也连忙说：

"臣该死，臣冒犯了陛下，请陛下恕罪！"

嘉靖帝向老院使和李时珍挥了挥手，叫他们都起来，然后仔细打量了一下李时珍，问道：

"你就是李时珍吧？朕刚才的脉是你诊的吗？"

李时珍忙回答说：

"是的，陛下。"

嘉靖帝笑着说：

"你的脉诊得不错，刚才你诊的的确不是朕的脉，是那小花猫的脉。你诊后，说非仙即怪，算是说对了！"

原来，嘉靖帝在宫里闲得无聊，今天便特意带着两个小太监来到太医院，想用小花猫充当病人，试一试太医们的本领，谁知一下子就被李时珍碰上而揭穿了。

嘉靖帝在大厅里的一张太师椅上坐下来，说道：

"李时珍，看来你是有些真才实学。既然你对脉学如此精通，那么你对炼制仙丹也一定有所研究吧？"

李时珍忙回答说：

"禀皇上，时珍不敢妄言。时针对此一窍不通，也没有想要钻研之意。"

嘉靖帝一听，脸色立即沉了下来，说：

"你这是过谦了吧？还是说说你的看法吧。"

李时珍知道，在这种场合之下，什么也不说肯定是不行的，于是只好硬着头皮，说道：

"这服用仙丹成仙之说始于秦皇、汉武之时，系由一些方士传流而来。但纵观历史，凡是服用这些东西的，不是致残，就是丧生。所以，时珍认为，这些所谓的'仙丹'，其实都是毒药，是服不得的。"

老院使一听李时珍反对炼丹，不禁捏了一把冷汗。他偷偷瞄了一眼嘉靖帝，只见皇帝已经满面怒容，便忙对李时珍喝道：

"李时珍，你竟敢在皇上面前胡言乱语！"

李时珍仍然十分诚恳地说：

"我乃是实言相告，请皇上不要轻信方士之言……"

"好了，好了，"嘉靖帝一拂衣袖站了起来，怒喝道，"你一个普通太医，竟敢诽谤方士，真是不知天高地厚！"

说完，嘉靖帝面带怒容，起身准备回宫。

李时珍本想趁着见到皇上的机会，向皇上面陈一下重修"本草"之

事，没想到自己对炼丹的看法惹恼了皇上，皇上马上就要走。这让李时珍慌了起来，于是鼓足勇气说道：

"陛下，臣还有一事要奏。"

"什么事？快说吧。"嘉靖帝停下脚步，不耐烦地问道。

李时珍忙上前施礼，说道：

"我们的'本草'，已经有400余年未曾重修了，我想请朝廷出面主持重修一部新的'本草'。因为现存的'本草'中有不少错漏，将药物搞得很混乱，医生在学习和运用时常出问题。而且这几百年来，又出了不少新的药物，也应该补充进去，故而急需重新修编一部'本草'，这是关系子孙万代的大事，请皇上恩准。"

嘉靖帝望了一眼站在一旁的老院使，漫不经心地问道：

"你们的意见呢？"

老院使回答说：

"臣以为，老'本草'乃是古人之经典，不宜擅自改动。"

嘉靖帝脸上露出满意的神色，点了点头说：

"所见甚是，就不要修了吧！"

说完，嘉靖帝转头带着太监走出了大厅。

嘉靖帝对待李时珍提出重修"本草"的态度，让李时珍更加坚定了自己的信心。他暗下决心：

"这'本草'书，朝廷不修，我一定要修！只要我努力干上几十年，就不信修不出一部新的'本草'来！"

（三）

对于立志钻研学问的人，到处都是学问，到处都有新的知识可以学习。李时珍就是这样一个人。在太医院任职期间，虽然他因不赞成炼丹服食而得不到重用，但他却借此机会，观察、研究了全国各地的大部分药物，研究了地方上难得一见的针灸铜人，这些为他以后的医学创造积累了丰富翔实的素材。

由于在太医院不被重用，李时珍提出的重修"本草"的建议也不能实施，而他自己又淡于功名利禄，不愿意在这种不研究学问的环境中糊涂度日，所以在太医院任职一年后，便托病辞官回乡了。

在回乡的路上，李时珍看到祖国的大好河山辽阔壮美，不禁心潮澎湃，思绪万千。他出了京城之后，并不着急赶路，因为这是他第一次来北方，现在肩上又卸掉了太医院任职的重负，所以，他要趁此机会让自己轻松一下，饱览祖国的山川美景，让自己的情思遨游在祖国的天地之间。

李时珍站在京城南郊的小山上，极目远眺，只见西侧的太行山逶迤蜿蜒，苍劲拙朴，南北绵亘百里，横卧在北直隶的西畔，显示出北国那种粗犷豪放的神韵；向南望去，则是千里沃野，一望无际；再向东南，一眼望不到边。

眼前辽阔的景色让李时珍顿感心旷神怡。思绪一转，他又想起了古代的名医，想起了河间的刘完素，易州的张洁谷，真定府（今河北省正定县一带）的李杲，赵州的王好古，河南考城的张从正，……这些金、元时代中原的名医；他又想起了战国时期的扁鹊，曾经行医于赵国古都邯郸；东汉时期的华佗，曾游学于徐土；……这些历代名医令李时珍神往。他想：

"在神州大地上，炎黄子孙，物华天宝，人杰地灵，真是言无浮夸，名不虚传啊！"

眼看日头已经渐渐偏西，李时珍才在附近找了一家客栈休息。第二天一大早，李时珍收拾好行李，雇了一辆马车，向南赶路。一路上夜住晓行，途径保定府、真定府、顺德府，眼看已经来到彰德府地界，看看又是日落西山，李时珍便与车夫一起投宿到一家客栈，准备休息一晚上，次日继续赶路。

晚上，李时珍见车夫找来一把野菜放入锅里煮，便问他：

"你这是要干什么用？"

车夫笑着回答说：

"用野菜在锅里煮汤喝，可以治疗筋骨劳伤。我们车夫常年在外劳碌奔波，筋骨免不了有些伤损，喝了这种汤，不仅能恢复体力，还可以免生筋骨之病。"

李时珍一听，顿时来了兴致。他拿起一根野菜，仔细端详起来，发现这是一种蔓生植物，枝干上还开着粉红色的小喇叭花。

他又拿起一根野菜放在嘴里咀嚼，有一股淡淡的甜味，还掺杂着微微的苦辣，味道还很爽口。李时珍突然想起，这不就是《神农本草经》中所记载的"旋花"吗？陈藏器的《本草拾遗》中也有记载啊！想不到它的功用在这里得到了证明。

随后，李时珍就认真地对其做了记录，后来还将其写入他的《本草纲目》之中。

就这样，李时珍一路上一边观赏祖国的山川美景，一边体察沿途各地的风土人情，一边注意收集民间的医药知识，一点都不觉得疲劳，很快就回到了他日思夜想的家乡蕲州。

第十章　濒湖山人

　　每日起食粥一大碗，空腹虚，谷气便作，所补不细，又极
柔腻，与肠胃相得，最为饮食之妙也。

——（明）李时珍

（一）

　　回到家乡后，李时珍发现自己好像才真正成熟起来。因为在楚王府和太医院的几年，虽然他在医学专业方面并没有太大的收获，但他对社会、对当时的官府生活却有了更清楚的认识。朝廷的腐朽衰败，官吏的苟且偷安，奸佞之徒当道，廉直之士蒙冤，社会现实使他觉察到，在官府里是不能真正有所作为的。这也让他越发感到，自己辞官回乡的决定是正确的，只有远离官场，深入民间，才能按照自己的意愿，做一点实实在在有用的事。

　　古人曾说，"四十不惑"，42岁的李时珍此时才觉得自己对社会、对人生有了比较全面的认识。他意识到，在当时的社会环境中，只有踏踏实实地做学问才是他应该走的路。从此以后，他便将全身心的精力都投放在编修《本草纲目》的事业之上。

　　1561年，李时珍在家乡蕲州新修建了一座驿馆，作为自己学习和修

书的场所。这座驿馆位于雨湖北岸的红花园。这里濒临雨湖，环境优美，李时珍十分喜欢。从此以后，李时珍便自号"濒湖山人"。

驿馆落成后，李时珍也给它取了一个名号，为"蔼所馆"。说起这个馆号的名称，还有一些来历典故呢！

李时珍以"蔼"为驿馆取名，是取自《诗经》。《诗经·卫风·考槃》当中，有"考槃在阿，硕人之蔼"的诗句。这首诗是讥讽卫庄公不能继承祖先的遗业，不能选贤任能，致使正直而有才能的贤者不能得到重用，只得隐居民间。李时珍从这样一首诗中选取馆名，其寓意可想而知。

此外，从这两句诗的词义来讲，考，有敲打之意；槃，是一种盛水的仪器；阿，指大的丘陵；蔼，有宽大、舒畅的意思，又借作"窠"。全句的意思是说：在宽松舒适、无拘无束的环境中，随意敲打着自己的"乐器"，奏出一种悠然自得的旋律。由此可见，一种隐居山林、自得其乐的意蕴跃然纸上。李时珍不仅在医药科学上有着高深的造诣，而且还具有一定的诗人气质。

李时珍文采飘逸，为人旷达，工于属对，善于写诗作词，在诗文方面与蕲州进士顾问等人交往密切。有时，二人会赏景属对，饮酒赋诗，很有一些文人雅士的风骚，传说"远山隔林静，明霞对客飞"就是二人联语时的名句。

就在李时珍的蔼所馆修建好不久，他的一位朋友吴明卿被削职回家。吴明卿是李时珍年轻时在武昌乡试时结识的，湖广兴国州（今湖北省阳新县）人。中举人之后，他曾在河南任职，后来因得罪了奸相严嵩，被罢官回家。

回家之后，吴明卿心情抑郁，闷闷不乐。李时珍得知此消息后，便托人捎信给吴明卿，邀请他来自己家中叙叙旧，实则是想开导开导他，帮他排遣一下愁绪。

兴国与蕲州隔江相望，并不遥远，吴明卿收到李时珍的信后，十分高兴，并欣然前往。两位阔别多年的老友相见，自然少不了一番欢喜，于是便天南海北地聊了起来，凡是风俗民情、人间冷暖，时运兴衰，官场浮沉，无所不谈。

然而当吴明卿谈到被削职罢官之事时，便开始言辞激切，忿忿不平，而且有一种悲观厌世、无所聊赖的心情溢于言表。李时珍见状，便不再与其深谈此事，而是邀他与自己一起驾船，去雨湖漫游。

两人驾着一叶小舟，在雨湖中一边饮酒，一边欣赏周围的景色。待二人喝到酣畅之时，李时珍诗兴大发，随口吟出了一首七言律诗，对朋友进行相劝。诗曰：

> 情青名藩三十年，虫沙猿鹤总堪怜。
> 久孤兰杜山中待，谁遣文章海内传。
> 白雪诗歌千古调，清溪日醉五湖船。
> 鲈鱼味美秋风起，好约同游访洞天。

李时珍这种豁达的情怀，不禁令吴明卿心中的郁愤之情烟消云散。这首诗的意思是说：如果我们只混迹于官场，将自己束缚在争名夺利的藩篱之中，那是多么渺小、多么可怜啊！你何必为这种遭遇而孤独郁愤，整日在家中闷闷不乐呢？倒不如出来游玩，写写诗文，画画山水，徜徉于清溪白雪的大自然的美景之中，说不定你的生花妙笔会有境界高超的诗词、文章流传海内呢！你看这金风送爽、云淡天高的大好时光，鲈鱼正肥，肥谷飘香，与两三个好友同游，饮一杯美酒，啖几只鱼虾，岂不是人生的一大乐事！

（二）

从44岁开始，李时珍就一直居住在蕲所馆内。在蕲所馆生活的几十年间，也是李时珍从事医学创作的黄金时间。在这里，他不仅写出了举世瞩目的《本草纲目》，还著有大量其他的医学著作。

在一切安顿下来之后，李时珍便开始重新投入到自己的工作当中。每天一忙完诊务后，就开始动手修编新"本草"。

在楚王府和太医院的几年中，李时珍有意识地搜集了丰富的医药资料，这也为他编写《本草纲目》提供了大量的帮助。同时，妻子吴氏也按照李时珍教给她的方法，协助李时珍将搜集来的各种药物和标本整理好，为他的编写工作带来了不少方便。

为了弥补失去的时间，李时珍对编写工作抓得很紧，经常忙到深夜都不休息。妻子见他太辛苦，就劝他说：

"这写书也不是一天两天就能完成的事，白天你要给人看病，夜里又忙得这么晚，长期下去，身体会累垮的。"

李时珍望着妻子，笑笑说：

"不会的，你放心吧。我在楚王府和太医院期间已经耽误了太多时间，要是不赶一赶，恐怕这书就难以完成了。"

要编好这部新"本草"，的确不是一件容易的事，其实是给从古到今的药物学做一次全面的总结。这不仅需要阅读很多古书，以便从中搜集到素材，还要在素材搜集到后进行分门别类，逐条编排，并结合医疗实践区别真伪，分辨出古人哪些讲得对，哪些讲得不对。

工作要做到这一步，光靠书本上的知识显然是不够的，还必须进一步去弄一些实物来加以核对，从而将各种药物的形状、特点及生长状况等弄清楚，才能真正解决问题。

李时珍在太医院的书库中查找资料时，曾记录过一种名叫"芸苔"

的植物的情况。"芸苔"究竟是一种什么样的药物呢？李时珍查了许多以前的"本草"书，也没有弄清楚，只说它是一种蔬菜，食用后可以散血消肿。

现在，李时珍打算在他编写的《本草纲目》中将它解释得更清楚、更通俗一些，可他对这种植物也不了解，怎么办呢？

李时珍考虑了一下，心想既然以前的"本草"书说它是一种蔬菜，那不如去找菜农们问问，也许他们能了解这种植物。

距离李时珍家不远处，住着一家姓蔡的老菜农。蔡大爷虽然年纪大了，但仍然每年都种很多菜，李时珍便决定去找蔡大爷了解一下。

第二天一大早，李时珍便找到蔡大爷，向蔡大爷询问是否知道一种名叫"芸苔"的植物，并将老"本草"中关于"芸苔"的简略记载说了一遍。

蔡大爷听完李时珍的话，非常干脆地回答说：

"芸苔我不知道，但9月里下种，第二年开小黄花，收籽可榨油的，那不就是油菜吗？你在书里干脆就说是油菜，大家一看不就明白了吗？"

在《本草经集注》中，李时珍看到一种名叫"远志"的药，陶弘景说它是一种小草，像麻黄，但颜色青，开白色花；马志则认为它像大青，责备陶弘景根本不认识远志。还有一种叫"狗脊"的药草，有的说它像萆薢，有的说它像菝葜，有的又说它像贯众，众说不一，莫衷一是。

在《名医别录》中，称甘草产于鄘县一带，陶弘景说它产于汉中，苏颂则称陕西、山西一带都产甘草，实际情况究竟是什么，也是众说纷纭。

黄连哪里出产得最好，也有不同的看法。陶弘景认为，以安徽新安江流域的"最胜"；有的则说陕西、杭州、柳州产的"为佳"；苏颂则认为，安徽黄山以北、马鞍山一带的"最好"；而苏敬却认为，成

都一带的黄连"最好";等等。

不一致的说法太多了,弄不清楚的地方也太多了,李时珍深感自己的学识和经验太不足了!他只好放下笔,一次又一次地停下来查阅核对。在李时珍看来,要想真正将这部《本草纲目》写好,真正有自己独到的见解,就非要自己亲自去采集药草、研究药草不可。

拿定主意后,李时珍便穿上草鞋,背起药筐,拿起药锄,带上笔记本,领着徒弟庞宪和儿子建元,出外采集药草和药物标本去了。

(三)

李时珍带着弟子跋涉于蕲州的山水之间,与当地的许多农民、渔民、猎户、樵夫和药农们交朋友。这些大自然的主人听说李时珍是为编写药书出来走访,都纷纷前来帮忙。有人听说李时珍要将山丹、百合和卷丹这三种植物的形态区别开来,就立即给他挖好送来,并将这三种植物的差别一一告诉给李时珍。

对于苹、荇等水草,老"本草"书中没有弄清楚。有人听说李时珍希望能搜集到这些水草进行研究,大家当即帮他到处找,并将有关这类水草的知识讲给李时珍听。

有一个老药农,手里拿着苹、荇和萍蓬草等几种水草,告诉李时珍说:

"苹,又叫田字草,或叫四叶草,它的叶子浮在水面上,根则连在水底下。你看,它面青背紫,有细纹,四叶相合,中折十字,而叶径一两寸,有一个缺,形状圆圆的,看上去跟马蹄子差不多,是莼。样子像莼,但比莼稍微尖长一点的,就叫做荇。叶径四五寸,像小荷叶似的,黄色,跟小角秃那样结实的,叫做萍蓬草。"

对于老农的讲述,李时珍都作了详细的记录。

能在蕲州境内查访到的药物，李时珍基本上都已查访得差不多了，但在《本草纲目》的编写过程中，有许多问题仍然难以解决。他记得父亲曾说过，要编写一部新的"本草"，就要把全国出产的药物都重新查访一遍。看来，在蕲州境内不能解决的问题，还得到其他地方去查访。

于是，李时珍又在弟子庞宪和儿子建元的陪同下，走了许多地方，搜集了不少稀有的药物和标本，进一步丰富了编写《本草纲目》的素材。

这天，李时珍一行从北道又转回到湖广地带。他觉得自己离家很长时间了，家里一定很挂念，便想回家去看看，然后再继续外出寻访。

于是，三人便朝回家的方向走了一段路程。这时，他们发现前面被一条河挡住了去路，也不知道走到了什么地方。庞宪找附近的老乡一打听，才知道他们已经来到了襄河边上。

李时珍一听自己已经来到了襄河，非常高兴，说道：

"这里距离武当山不远了，我们不如先到武当山看看，然后再回蕲州，以免以后还要再向这边来，浪费时间。"

武当山是天下名山之一，传说是道教的真武大帝得到成仙的地方。为了供奉真武大帝，明朝的皇帝在山上修建了许多宫殿。楚王朱英（火金）迷信道教，在山上修建了许多茶庵，天柱峰的金殿里面，还有他献上的一套金制供具。

还是李时珍在楚王府时，楚王就经常派人到武当山去办理斋醮。这些人回来后，总是说武当山景色优美，并说那里奇形怪状的树木和奇花异草颇多。那时李时珍就觉得，这武当山一定是个天然的药物宝库，值得研究的药物也一定不少。而且他早就想到武当山去了，只是苦于找不到机会。

现在，李时珍一行已经走到离武当山不远的襄河，所以他决定暂时不回家，先去武当上查访一番。

明朝医学家李时珍出名后，求医者甚多。有的病人已经请别的医生看过，但不见效，还要请他再看看。有一回，李时珍路过某镇，镇上一位财主拿出前几天一位郎中开的药方说："我吃了这药一点儿也不见效。"李时珍一看，药方上开的"四君子汤"，共是四味中药：人参、白术、茯苓、甘草。李时珍给财主一把脉，病人气虚，服"四君子汤"没错。他摊开纸笔，略思片刻，替财主另外开了一张药方，也是四味中药：鬼盖、杨木包、松腴、国老。李时珍让病人按药方连服半月。财主见这四味药自己从未服过，心中高兴，连服15天，果然药到病除。财主登门向李时珍道谢："还是您的药方灵呀！"李时珍笑道："我给你开的药也是四君子汤：人参的别称叫鬼盖，杨木包也就是白术，松腴正是茯苓，国老和甘草本是同一味药啊！"财主听罢，半天没回过神来，不知道自己是因为心理作用所致。

第十一章　采方问药

饮食不节，杀人倾刻。

——（明）李时珍

（一）

李时珍和弟子及儿子三人，乘船沿着襄河北上。襄河两岸，风景如画，船儿迎着滚滚波涛，乘风破浪，逆水而行，仿佛给李时珍增添了一股战胜任何艰难险阻的力量。

来到武当山下，李时珍等人找了一家客栈住下，并向当地的老百姓打听山里的情况。当人们知道李时珍是来采药的，有位老人便告诉李时珍说：

"山里的药草确实很多，但那里的道士十分蛮横，不讲道理，说山上的一草一木都是真武大帝的仙物，谁也不能动。"

另一位老人接过话茬，说道：

"就在前不久，有个卖药的在山上采了点药草，被山上的道士捉住了，结果不仅打了卖药的一顿，还给他戴上木枷，栓在庙门口示众，你说这道士多可恨！"

另一位老人也说：

"看先生应该也年过半百了吧？山路又不好走，道士又十分可恶，还是不要冒险上山了吧。"

李时珍首先谢过这几位老人的热心提醒，然后笑着说：

"山那么大，不可能在每个地方都能遇到道士。只要我们多留心，不会有事的。至于山路，我的腿脚还算硬朗，相信不会比年轻人差多少。"

众人见劝不住李时珍，只好提醒他们多加小心。

第二天天刚刚亮，李时珍师徒便披衣起床，一切准备好后，顶着初霞启程了。他们首先穿过一条小河，又走了一段弯曲的小路，然后便来到武当山的山脚下。

李时珍发现，眼前的武当山层峦叠嶂，山势险峻，古树参天，松杉葱郁，一个个山峰，仿佛都笼罩在一片片雾海之中，浓雾在峰顶不断升腾、飘忽。

庞宪望着这悬崖陡壁的山势，说道：

"师傅，这山太高了，您这么大年纪，就不要上了，让我们去吧，您在下面等我们。"

"那怎么行？"李时珍说道，"为了弄清这天然的药物宝库，哪怕山再高、再陡，我也要上去。"

由于走大路上山担心遇到道士，惹来麻烦，他们便尽量挑小路走，有时还要攀登悬崖峭壁。因此，从清晨上山，一直走到午时，李时珍三人才好不容易爬到半山腰。

虽然只到了半山腰，但李时珍发现，这里的确是个天然的药物大宝库。在这里，有白色穗状花序的大马蓼，有羽毛状叶子的铁角蕨，有落地生根的仙人搭桥，还有长藤缠绕的耳叶牛皮消……真是应有尽有，取之不尽。

李时珍兴致勃勃在这里采集了许多其他地方见不到的药草，真是高兴极了！这时，徒弟庞宪担心李时珍太累，吃不消，就对李时珍说：

"师父，这里的药草已经足够我们采集的了，就不用再继续爬山了吧？"

李时珍仰头向上看了看，说道：

"深山藏百宝。既然我们来到了宝山，何不多看些地方，多找些奇异的药草呢？"

说完，李时珍带头又一步步艰难地向上攀登着。

登上峰顶的一处峭壁间，李时珍的眼前云雾滚滚，眼下万丈深渊。李时珍整理了一下衣襟，准备攀越峭壁之间的铁索桥。庞宪和建元见状，忙劝阻道：

"您年高体弱，这样太危险了，还是不要攀越了吧！"

"不碍事，我就不信过不去。"李时珍边说着，一只脚已经踏上了铁索。刹那间，铁索便摇晃起来。

建元忙跨上一步，拉住李时珍的衣襟，着急地说道：

"父亲，这太危险了！这样，您在这里等着，我和庞宪过去看有什么奇异的药草。如果有我们再接您过去。"

建元和庞宪刚刚跨过铁索桥，还没来得及回头看看桥那边的师父，忽然听到身后一阵响声，两人回头一看，李时珍已经摇摇晃晃地过桥了。

"师父，您也太冒险了！"庞宪忙上前扶住李时珍，将他扶到一块大石头上坐下。

李时珍笑着说：

"不用为我担心，没什么可怕的。勇气一鼓，这不就过来了吗？"

（二）

过了铁索桥后，李时珍三人一面走，一面仔细观察寻找，一发现较为奇特的药草，就顺手采集一下，装在背上的布袋里。

不过，李时珍最想找到的，是一种早就听说过的"仙果"，但却一直都没有发现。

原来，李时珍早就听说武当山上有一种所谓的"仙果"。这种"仙果"，据说是真武大帝修炼成仙时，将梅子树接在榆树上接活的，它的树干看上去是榔榆木，果实却像梅子，因此也叫榔梅，但山上的道士们却硬将它们称为"仙果"。

当地政府下令，这些"仙果"除了山上的道士可以采摘外，其余人都不许采摘。道士们为了讨好皇帝，每年都要将这些"仙果"采摘下来，用蜜汁腌好，然后作为贡品献给皇上，并称吃了这种"仙果"就能"长生不老"。

李时珍自然不相信这种"仙果"能让人长生不老，但他就想找到这种"仙果"，看看它到底是什么东西。因此，他一路走，一路找，将主要注意力都集中在找"仙果"上。

不知不觉，李时珍三人走到了一座宫殿附近。李时珍抬头一看，眼前这座宫殿正是武当山上的五龙宫。当李时珍的视线穿过五龙宫，停留在五龙宫后面的一个山头上时，忽然被山头上的一些树木吸引住了。

李时珍拍了拍身边的儿子建元，说道：

"你快看看，山上的那些树木像不像是榔榆木？"

建元抬起头，顺着李时珍的目光朝对面的山头仔细看着，然后兴奋地说：

"父亲，我看那些就是榔榆木，这下榔梅可找到啦，我去采摘几颗下来吧！"

李时珍摆摆手说：

"不，我要自己上去摘，亲自把'仙果'这件事搞清楚。你们就留在这里，注意周围有没有道士过来捣乱。"

李时珍说完，便穿过脚下的草丛，朝着五龙宫后面的那个山头走去，由于路程不远，不一会儿就到了。

到了山下后，李时珍找到了一条有人攀登过的路线，便慢慢开始攀登。有的地方是悬崖，他就双手紧紧抓住岩石，用脚慢慢试踩在能承受得住脚的崖坎上，一步步小心地向上攀登；碰到没有岩石可抓的地方，他就用手抓住附近的树木攀登。

就这样，李时珍终于艰难地登上了山头，来到他所发现的那片林木跟前。

李时珍仔细地辨认着这些树木和树木上的果实。他高兴地发现，这些树的树干是榔榆木，树上结的果子的确很像是梅子，于是断定，这就是榔梅，也就是所谓的"仙果"。李时珍连忙采下几颗放在口袋里，准备带回去研究。

一天的时间很快就过去了，晚上，李时珍三人没有离开武当山，而是寄宿在山上的一个破庙里。吃完饭后，李时珍望了望头顶明亮的月亮，对徒弟庞宪说：

"庞宪，现在睡觉太早，趁着月色，我们来把最近一些日子的访药所得记录一下吧。"

"好。"庞宪一面回答，一面搬来一块较为平滑的石头，让师父把笔记本放在上面。李时珍拿出随身携带的笔墨，一边回忆，一边写到：

"忍冬子花初开时银白色，两三天后转变为金黄色。它们新旧相参，红白相映，所以又称金银花，气味芬芳，可以解暑清热。"

"胭脂草捣烂，可治虫咬伤。"

"刀豆子烧成渣子吃下去，可治呃逆。"

"鸡肠草……"

　　李时珍写到这里，忽然停住了，忘记了这种药物的特性，便对庞宪说道：

　　"庞宪，你把药包给我拿过来。"

　　庞宪将药包递给李时珍，李时珍从里面翻出了两种药草。它们形态相似，但药性不同。李时珍把这两种草拿到面前，仔细端详了一阵，然后又从两种药草上各掐下一点放在嘴里咀嚼一下，又重新提起笔继续写道：

　　"鸡肠草，生嚼涎滑；鹅肠草，生嚼无涎。"

　　夜已经很深了，明月已经慢慢移到当空，李时珍仍然在努力追忆着……

（三）

　　李时珍三人在武当山上活动了几天，有时住在破庙，有时借住在猎户的小屋里。猎户们听说他们是来采药的，都热情地向他们介绍山里的药材情况，还向他们提供一些治病的偏方。

　　当谈到虎骨做药的时候，猎户们告诉李时珍，最好用前胫骨，因为老虎的筋力都集中在前胫上，用前胫骨泡酒，最能健体强身。

　　李时珍听猎户给他讲了这么多新鲜的知识，非常高兴，并将这些知识详细地记录在自己的笔记上。

　　在这里，他们还发现一种名叫"千年艾"的草药。这种野生植物高约33.3厘米左右，叶长约3.33厘米，页面呈青色，叶背呈白色，形状不似艾而有艾的芳香气味，秋季开黄花。关于千年艾的发现，还有一段故事呢！

　　这天，李时珍三人在山上的一所道观投宿，发现道观中的一个年轻道士在砂锅里煮一种野草，散发出一阵阵的芳香，引起了李时珍的兴

趣。他感觉,这种气味和艾的气味很相似,就问道士:

"请问,您煮的这种草叫什么名字?它有什么作用?"

年轻的道士回答说:

"这是一种药草,名叫千年艾,药性辛温,可以治疗虚寒性的疾病。"

同时,道士还告诉李时珍,说这是他的师父传给他的验方,是治疗他身体虚弱的。原来,这小道士先天禀赋不足,生来就是一种虚寒性体质,经常大便溏泄,腹部疼痛。后来,他服用了他师父传给他的这种药,身体便逐渐强壮起来,腹痛、腹泻和怕冷等症也减轻了许多。

李时珍认真地听完道士的讲述后,对千年艾这种药草更感兴趣了。第二天,他就带着庞宪和建元到山上寻找这种药草,并将这种药草的生长形态、性味、功用主治等内容记录下来,后来还将其写入自己的《本草纲目》之中。

李时珍就是靠着这种不耻下问,拜能者为师而又勤于实地考察和采集的治学精神,发现了许多前代本草书籍中不曾记载的新药。

这天,李时珍三人来到了武当山附近的一座大山里。只见这里奇峰兀立,山上古树参天,森林遮天蔽日。三人走着走着,忽然发现前面的山崖上有一群人正在攀崖越壑,似乎在做着什么事,并从悬崖上放下一根粗大的缆绳。缆绳上还吊着一个大竹篮,竹篮里还坐着一个人,竹篮就像荡秋千一样来回摇荡。当竹篮荡近崖壁的石孔时,坐在竹篮里的那个人就用斧头去砍长在石孔里的什么东西,然后一个个地取出来。

李时珍师徒看到这个情景,都十分好奇,便走到山崖前。庞宪仰起头,对着山崖山的人喊道:

"请问,你们那是在干什么?"

"我们在采石斛。"竹篮里的人听见庞宪的问话,向下看了看,回答说。

"石斛？那可是一种十分难得的药物啊！它可以养阴生津，主治阴虚内热、口干烦渴等症。"李时珍自言自语地说。

原来，那些从药铺里买来的所谓的石斛，实际都是木斛冒充的，真正的石斛很难买到。现在听说这些药农采的是石斛，李时珍知道这才是真正的石斛，因此也仰望着山崖上的人，大声喊道：

"请问，你们采集的这些石斛卖吗？"

"你要买石斛吗？你是干什么的？"山崖上有人问道。

"我是医生。"李时珍回答说。

"啊，医生。"正在山崖上采药的人听了，都陆陆续续地设法往下走。

李时珍见药农下来后，便热情地迎上去，说道：

"你们采药可真是太辛苦了！我是个医生，是出来访药的，想向你们买一点石斛。"

"你是从什么地方来的啊？"药农问道。

"从蕲州过来的。"

"蕲州？没听说过啊，离我们这里一定很远吧？"

"大约有两三千里的路程吧，不过为了采药，我们还走了其他很多地方。"

这时，庞宪插嘴说道：

"我师父主要是想编写一部药书。为了编好这部药书，让医生在给病人治病时用起来方便，就想把以前还未弄清的一些药弄个明白，所以才亲自出来访药，向同道们请教。"

药农们一听，都用十分敬佩的目光看着李时珍。随后，一位老药农走到李时珍面前，说道：

"我们这里的人都靠采药为生，现在采的石斛也是准备卖的。不过，你们既然不远千里出来访药，这是为我们的子孙万代造福的好事。所以，这石斛我们不卖给你们，而是准备送你们一些。"

李时珍一听，急忙摆手道：

"这可使不得！刚才我见你们在悬崖上采石斛，实在是太不容易了，怎么能白送给我呢？"

另一个药农也站出来说：

"虽然在那悬崖峭壁上采石斛有些危险，但我们已经习惯了。你们千里迢迢出来访药，我们送一点石斛给你们，也算是一点心意吧。"

说着，药农便拿出一些石斛，硬是塞给了李时珍。

李时珍见药农们这样热情、诚恳，十分感动。他见盛情难却，只好收下了这珍贵的药材——石斛。

第十二章　以身试毒

发前人未到之处。

——（明）李时珍

（一）

在出外访查药物期间，李时珍每到一个地方，都会打听该地有没有行医的同行、采药的药农和卖药的药商。只要能打听到做这些行业的人，他都会千方百计地将这些人找到，虚心地向他们请教。

由于虚心求教，李时珍一路上也打听到了不少药草，搜集到了不少民间土方偏方。可是，他们一直想找的曼陀罗花却始终没找到。

这天，李时珍师徒三人又向药农打听有关曼陀罗花的情况，有人告诉他们说，附近有个种了几十年药材，名叫"赛神农"的老药农，懂得药草非常多，也许他能知道。

李时珍一听，立即多方打听，找到了这位"赛神农"。这位老药农已经70多岁了，但当李时珍问他是否知道曼陀罗花这种药物时，老药农摇摇头说：

"曼陀罗花？……这种药草我可真没见过。"

庞宪一听，叹了一口气，感到有些失望，但李时珍却没有完全失去信心。他将过去打听到的有关曼陀罗花的形状给老药农仔细讲了一遍，然后拿出纸笔，在纸上边画边说：

"老人家，我给您画个样儿，您看看。"

李时珍将曼陀罗花的形状画出之后，又说：

"您看，一个茎直往上长，叶子像茄子叶，开白花，六个瓣儿……"

老药农拿起李时珍画出来的图样，仔细看了一会儿，边看边思索。忽然，他像是醒悟地说道：

"叶子像茄子叶，开白花，六个瓣儿……对了，这种植物我们这里不叫曼陀罗花，叫风茄儿。"

李时珍一听，忙追问道：

"那现在这里有这种花吗？"

老药农点了点头说：

"有的，风茄儿嘛，有的呢！"

李时珍又问：

"那您知道这花什么时候收籽吗？"

"现在就正是收籽的时候。"

说完，老药农将李时珍画的那种图样塞入口袋，又说道：

"走，李大夫，我领你们去瞧瞧去。"

"太好了！"李时珍和庞宪高兴地说。

随后，李时珍跟着药农一道出了门，来到后山寻找曼陀罗花。他们在山上的草丛里找了一阵，终于找到了这种野生植物。李时珍拿过这根药草，与图样上画的图对比一下，完全一样。

李时珍又拿过花儿仔细端详了一番，并剥下一些花籽倒入手心反复瞧着，满面笑容地说：

"是曼陀罗花，就是曼陀罗花，可算找到了！"

然后又转向老药农，感激地说：

"您老人家可真是办了一件大好事，真是太感谢您了！"

"李大夫，您太客气了！您千里迢迢出来访药，还要编写药书，这可是为我们的子孙后代办的大好事啊！不过，我听说这种花有毒性，不知道它能治什么病？"

李时珍回答说：

"我想古人用的麻药中应该有曼陀罗花。"

说完，他转过头对庞宪说：

"我们采些曼陀罗花回去，以便研究。"

采集了一些曼陀罗花后，李时珍向老药农道谢后，便下山去了。

（二）

师徒几人下山后，已经是夜色朦胧，繁星满天。他们就近找了家客栈住了下来，随便吃点东西后，他们照例在灯下将采集来的药草一一加以整理。当整理到曼陀罗花时，李时珍仔细端详了一会儿，然后又将它们研碎。

这时，李时珍思索起来：

"华佗用的麻沸散里到底有没有曼陀罗花的成分呢？看来必须亲自试一试才知道。"

由于李时珍急于弄清这个问题，便决定亲自试试。所以，他吩咐庞宪说：

"你去向老板要一碗热酒来。"

庞宪向店老板要来一碗热酒递给李时珍，李时珍指了指手心的曼陀罗花粉末，又对庞宪说：

"我想试试这曼陀罗花到底是不是有麻醉作用。"

庞宪一听，忙说：

"师父，这花有毒性啊！"

李时珍说：

"只有亲身试验了，才能弄清它的真正作用。"

说完，他将手心里的曼陀罗花粉末往嘴里一倒，接着又端起热酒，咕噜咕噜地喝了下去。

庞宪忙叫道：

"师父，你……"

李时珍泰然地用衣袖擦了擦嘴，走到床上躺下，说道：

"庞宪，你注意观察我有什么反应。"

很快，李时珍便倒在床上，沉沉地昏睡过去了。

庞宪见此情景，急得在一旁直跺脚，连声喊道：

"师父，师父，你醒醒啊！"

不管庞宪怎么喊，李时珍都酣然不动。

庞宪的喊声惊动了客栈的其他人，大家纷纷过来问怎么回事。听完庞宪的叙述，众人都十分着急，大家守在李时珍的床边，焦急地盼望着李时珍醒来。

人们静静地等了好长时间，李时珍终于慢慢地睁开眼睛。大家一见，都高兴地叫起来：

"醒了！终于醒了！太危险了！"

李时珍一见屋里这么多人都盯着自己，忙起身问道：

"啊，这是怎么回事？"

"师父，自从您吃了那曼陀罗花的粉末后，就昏睡过去了。这里的客人见您这么久没醒过来，都在为您着急呢！"

李时珍一听，忙说道：

"真不好意思，这点小事惊动了大家，谢谢你们的关心！"

大家见李时珍已经化险为夷，平安地醒了过来，都纷纷议论开了：

"您胆子也太大了！这要遇到危险可怎么办啊！"

"医生冒着生命危险亲自试验有毒的药物，这可真是一位真心为病人着想的好医生啊！"

……

人们怀着崇敬的心情，慢慢离去了。

庞宪忙给李时珍倒了一杯热茶，说道：

"师父，您太冒险了！"

李时珍说：

"不亲自冒点风险，又怎么能试验出新的药效呢？"

庞宪又问：

"师父，您昏睡过去后，我推您、喊您，您有感觉吗？"

李时珍沉思了一会儿，摇头说道：

"没有任何感觉！"

"这么说，这曼陀罗花还的确有麻醉作用啊！"

李时珍高兴地点点头说：

"看来，华佗用的麻沸散中的确有曼陀罗花的成分啊！不过，也不能就此就得出结论，还要经过反复试验才行！作为医生，对一些药物的药效不能粗枝大叶，浅尝辄止，一定要多次试验，才能得出正确的结论。"

庞宪默默地点了点头。他知道，长期以来，李时珍对一些有疑问的药物、单方等，都要经过多次检验和实践，决不任意猜测或随便轻信就用于临床。想到这里，庞宪不由得对师父更加敬重。

（三）

由于这一带出产的药物众多，所以李时珍师徒几人便在这里多停留了一段时间。这天，三人又出外采药，晚上便在玉虚宫投宿。

当夜幕降临时，一轮新月挂在晴朗的天空。李时珍忽然想起，今天是阴历的九月初九，重阳佳节，正是登高饮酒的日子，也正好夜间无事，便于庞宪、建元二人饮起酒来。

饮酒之间，李时珍心情格外舒爽，便问庞宪、建元道：

"我们中国人，每逢九月九日都有登高的习俗，饮菊花酒，佩戴茱萸。你们可知道，这习俗是怎么来的吗？"

二人相视一笑，都说不知。于是，李时珍便给他们讲述了一个故事：

传说在东汉时期，有一个名叫桓景的人，跟着费长房学道。有一天，费长房告诉桓景说，在今年的九月九日这天，你家将会遭遇一场大灾，到时不要住在家里，要用绛紫色的绢袋装上茱萸系在胳膊上，然后到高山上去饮菊花酒，可以消灾。

桓景听了费长房的话后，便提前准备好了装有吴茱萸的绢袋，到那时带着全家爬到高山上去饮菊花酒，一直等到天黑才回家。

桓景回去一看，家里养的鸡、狗、牛、羊等家禽、家畜全部都死了，这才完全相信了费长房的话。

从此以后，每年到阴历的九月初九，人们为了消灾增寿，便家家都佩戴茱萸，并饮酒、登高。

这时，一旁的庞宪问道：

"师父，那费长房真的那么神吗？"

李时珍笑了笑，说道：

"这故事听起来似乎很玄，其实，自有道理在其中。夏历的九月，天气已经进入晚秋，由于秋季主肃绛收藏之令，气候由热而逐渐转凉。这时，阳热之气逐渐衰微，而阴寒之气日渐强盛，而且夏季的湿热之气也已消退，而代之以凉爽干燥的秋风。如果这时气候反常，湿气仍然很盛，那么寒气和湿气就会合在一起，形成一种寒湿毒邪，给人造成疫病。如果寒湿之毒太盛，则人、畜暴死的情况也是会发生的。桓景家的鸡、狗等突然死亡，便是这种原因造成的。"

"那为什么要佩戴茱萸，饮菊花酒，登高，就可以避免呢？"庞宪又问。

李时珍说：

"这个道理你应该懂得。吴茱萸是一种大辛大热的药物，这种药物味辛辣而性燥热，可以辟除寒湿邪气，因此对于寒湿毒邪造成的疾疫自然就有预防的作用。高山上的湿气比低洼的平原处要淡，再饮用温暖助阳的菊花酒，所以就能避免寒湿之气带来的灾疫。"

庞宪听完，若有所思地说：

"看来，我们看什么事情都不能只看表面，而应该分析其内在的道理，这样才能知其所以然，对事物的本质有清楚的认识。"

李时珍也赞许地点点头。

第十三章　药农献方

窥天地之奥而达造化之极。

——（明）李时珍

（一）

李时珍在找到曼陀罗花后，经过亲身试验，证明它的确具有麻醉作用后，便怀着无比喜悦的心情，继续在一些山区进行访查药物的活动。

这天，李时珍起得特别早，直到与庞宪一起进入山里，太阳才刚刚出来。他们采集了一些药物和标本后，正想向另一个地方转移时，忽然一个身背药筐的人铁青着脸迎面向他们走来。

这个人高个子，40岁左右，身体长得很结实。因为背着一个药筐，一看就知道是个药农。于是，李时珍就热情地走上去打招呼道：

"老乡，向您请教一下，这里的药草多吗？您已经采到不少药草了吧？"

这位药农看了李时珍一眼，没好气地回答说：

"这里的药草倒是不少，可因为山高路陡，不好采集，我也没采到多少。"

说完，药农转身就要走。

李时珍跟上去，朝药农的药筐里瞄了一眼，只见里面装着几枝一根茎上长着七片长卵形叶子，顶上开着一朵小花的药草，便追问道：

"老乡，请问您采集的这是'七叶一枝花'吗？"

那药农停下来，回头打量了一下李时珍，问道：

"你也是采药的？"

李时珍点了点头，回答说：

"是的。我们是远道来这里采药的，还请您多多指点。"

然后，他又指了指药农药筐里的药草，问道：

"请问这……"

药农说：

"我只管采药，至于这药叫什么名字，我不知道。"

药农说完，转身就走了。李时珍见药农不愿说，也不好再多追问。

到了下午，李时珍觉得这座山上的药草采集得差不多了，便和庞宪下山了。刚走到山脚下的一个村口，忽然听到村口边上的一户人家中传来一阵阵哭声。

李时珍不知发生了什么事，忙跑到这户人家的门口，探头向里面看看，只见一个中年妇女和一位年轻的姑娘，正坐在家里哭泣。

李时珍见状，忙问：

"发生了什么事？"

母女俩一听见有人问话，立即停止了哭声，抬头一看，只见出现在她们面前的是三个陌生人，但他们面容和善，语调慈祥。于是，中年妇女指了指身边年轻的姑娘说：

"客官，您有所不知，她那狠心的父亲限定我的女儿今天要去死。他把绳子和刀子丢在地上就走了，让我的女儿自己选一条死路。"

说完，中年妇女又哭了起来。

李时珍感到莫名其妙，便问道：

"她父亲为什么要她去死呢？你慢慢说给我听，看我能不能帮你。"

那中年妇女哭诉道：

"她是我的独生女儿，近几个月来，也不知怎么了，她总是头晕、贪睡、浑身没劲，还恶心，吐口水，饭量也大增，但人却一天天瘦下来，肚子也一天比一天大了起来。我说她是生病了，应该找个医生看看，可她父亲却说她肚子大是因为做了见不得人的事，便整天打骂她，今天还对她又打又骂，并让她去死！"

李时珍一听，忙安慰说：

"您先别着急，我就是个医生，我先帮您女儿看看是不是真的生了病。"

那妇女一听，忙停住哭声说：

"您是医生啊，那可太好了！请您快点帮我的女儿看看吧！"

李时珍先仔细地看了看那年轻的姑娘，只见她脸色灰暗，嘴唇灰白，眼球突出无光，两手青筋暴起，但腹部隆起，看起来还真像怀了孕一样。

然后，李时珍又给姑娘把脉，发现姑娘的脉相很乱，却不像是喜脉，便问姑娘：

"你平时最喜欢吃一些什么食物？"

姑娘回答说：

"我最喜欢吃香炒食物。"

李时珍又问：

"你每次吃了香炒食物后，有什么感觉吗？"

姑娘答道：

"有感觉。最近我吃了香炒食物后，喉咙和鼻孔里就像有虫子在爬一样，肚子里也有这样的感觉。"

李时珍又仔细给姑娘切了一会儿脉，然后对中年妇女说道：

"您女儿的肚子中有虫。"

那中年妇女一听，立即转忧为喜道：

"啊，那太好了！不过既然是虫，她的肚子那么大，是不是有很多虫？要怎么办呢？"

李时珍说：

"别急，有办法，您赶快为她煨一罐母鸡汤，把虫子诱出来就行了。"

中年妇女一听，立即跑出去杀鸡烧火，不一会儿，一大罐鸡汤就煨好了。

李时珍叫那中年妇女舀起一大碗鸡汤过来，然后让姑娘坐在一张条凳上，再把那一大罐热气腾腾的鸡汤放在她的座位下面，用一大块被单将姑娘的四周围得严严实实，以便那鸡汤的香气可以从姑娘的下身进入腹中，将虫子诱出。

（二）

大约过了十多分钟，那姑娘忽然说道：

"我感觉我的肚子里好像有什么东西在动啊！"

不一会儿，她又叫道：

"哎呀，好像有什么东西从我的下身钻出来啦！"

不到半小时的工夫，那姑娘的脚下四周便密密麻麻地爬满了许多蚂蝗似的东西。虫子果然诱出来了，母女都非常高兴。

又过了一会儿，李时珍问道：

"那鸡汤还有热气吗？"

姑娘回答说：

"已经没有多少热气了。"

李时珍便又让那妇女将剩下的那碗鸡汤端过来，让姑娘喝下去。随后，李时珍问姑娘：

"你现在感觉怎么样？"

"现在我感觉舒服多了，你们看，我肚子都小了许多啊！"

李时珍说：

"那就好，你现在可以躺到床上去休息一下了。"

说完，李时珍又给姑娘开了一副药方，并交给那妇女道：

"把这服药抓来，煎好后给你女儿服下，同时还要继续给她煨母鸡汤诱虫，直到把她肚子里的虫诱完为止。你再准备点营养丰富的食物，慢慢让她吃，她很快就会好起来的。"

中年妇女和年轻姑娘对李时珍真是既敬佩又感激，不知道如何感谢才好。

庞宪和建元在一旁一直看着李时珍在为姑娘治完病，便问李时珍道：

"这姑娘到底怎么得的病啊？"

李时珍说：

"这病多半是由于妇女在经期不注意卫生，将内衣晾在屋檐下被虫爬过感染而得的。"

正在这时，忽然听到外面有人吼道：

"那死丫头死了没有？"

李时珍探头向外一看，只见一个人正怒气冲冲地向屋里走来。而这个人，正是他们早上在山里碰见过的那位药农。

那药农进屋后，也发现家里这几个陌生人正是早上自己在山里遇到的采药的，便又没好气地说：

"你们怎么跑到我家来了？就算这样，我也不会告诉你们那药草的名字的！"

中年妇女一见自己的丈夫回来了，忙说：

"你怎么能这么对恩人说话？你应该感慨谢谢这位大夫，是他把我们女儿的病治好的！"

那药农一听，有些丈二和尚摸不着头脑，瞪着眼望着他的妻子，问道：

"什么？他是大夫？还治好了我们女儿的病？"

中年妇女忙说：

"是啊，是啊！她的肚子大，都是因为肚子里有虫子。"

接着，她就把李时珍怎样给她女儿治病的情况前后说了一遍，并指着旁边的一堆死虫子说：

"你看，这就是由老大夫用鸡汤诱出来的虫子。"

药农一听，又跑到屋里看了看女儿，然后来到李时珍面前，问道：

"请问老大夫贵姓？"

李时珍回答说：

"我叫李时珍，是个大夫。"

药农听说他面前的老人是李时珍，一下子又愣住了，随即又惊喜地招呼道：

"啊，原来是李大夫啊！真是冒犯了！李大夫的名声在我们药农中间早有耳闻，如今竟能相见，真是三生有幸！今日在山上，我正为女儿的事生气，对您多有冒犯，还请见谅！"

李时珍忙说：

"没关系，没关系。现在您女儿的病情已经弄清，你们也不要难过了。时间不早了，我们还要赶路，就告辞了。"

说完，李时珍站起身就要走。

药农一听，忙拦住李时珍，并说道：

"李大夫，您不是有事情要问我的吗？怎么能走呢？"

李时珍问：

"你是说早晨我们问药草的事情吧？"

药农说：

"是啊，李大夫救了我女儿的命，我一定要告诉你们。不过，现在我们不谈这件事，必须等你们在我家吃完饭后再说。"

这餐晚饭，药农一家做了很多菜，盛情款待李时珍师徒。

（三）

李时珍三人在药农家吃过晚饭后，药农又留李时珍住在家里休息，并认真地向李时珍介绍了他们上午看到的那种药草。

药农首先从一旁的药筐中拿出几枝药草，说道：

"这就是你们上午问我的那种药，的确是叫'七叶一枝花'。这种药草长在深山的悬崖上，据说可以清热解毒，散结消肿，能治疗毒蛇咬伤和跌打损伤等病。"

药农喝了一口茶，又继续说道：

"我们这里还流传着'七叶一枝花'的歌谣呢！"

李时珍一听，兴致更浓了，忙说：

"那快讲来听听。"

药农清了清嗓子，随口唱道：

"七叶一枝花，深山是我家；痈疽如遇着，一似手拈拿。"

李时珍听了，激动地说：

"这歌谣编得真好！这些有关药草的民间歌谣，将来我一定都写

入书中。"

药农接着说：

"其实我们这里这些歌谣多着呢，比如对穿山甲也有一首歌谣：'穿山甲，王不留，妇人吃了奶长流。'对穿山甲的作用也说得很清楚。"

李时珍一边听，一边认真地在本子上把这些歌谣记下来。

当晚，这位药农就留李时珍住在他家休息。第二天，许多附近的药农都来到这位药农家中，李时珍热情地迎接他们。

李时珍首先感谢药农们对他的支持，并向大家谈起自己为什么要编写《本草纲目》一书，还向大家征求如何才能把这部药书写好的意见。药农们听后，都纷纷议论开了。

有的说：

"李大夫做得对，不过以后再编书，可不要按照那上、中、下三品来划分药物了，而是应该打破框框，真正为百姓着想。"

有位青年药农则说：

"过去的老'本草'书上对一些的药物说法不一，有些同样的药说成是两样；有些本来是不同的药，又说成是同样的。这些前后不一的地方，弄得我们都搞不清谁是谁非。李大夫，您这次编写药书，一定要把这些地方纠正过来。"

另一个药农也说：

"我觉得，最好把药草的形状、生长情况、土壤、播种、施肥、灌溉方法等，都写到书里去，这样大家才能看得懂，而且还可以帮助人们辨别药物的真伪。"

……

李时珍认真地听着，认真的记录着。这些意见，他觉得都非常可贵，非常有道理。

这时，一位老药农又说道：

"李大夫，您应该把我们民间的偏方、单方等都写到书里，这些也都是治病的好方法啊！"

李时珍点点头，说道：

"我也正有此想法，所以还希望大家多给我提供一些好的偏方、单方等。"

药农们一听，都非常高兴，纷纷将自己从实践中得来的、听说的及祖传的偏方、单方等，一股脑地告诉李时珍。对于每个建议，李时珍都认真地记录下来，准备日后整理使用。

一直到中午，药农们才渐渐散去。李时珍望着本子上记录下来的各种意见、建议以及药方、偏方等，心情格外激动。他想，药农们的这些智慧和才华，真的够他写一辈子了啊！

第十四章　南京访药

求仙而丧生，可谓愚也矣。

——（明）李时珍

（一）

李时珍师徒几人在武当山一带活动一段时间后，感到在北方寻找的药物都已经寻得差不多了，再加上已经离家快两年了，便决定返回蕲州看看，然后再到江南继续寻访药物。

这天，李时珍三人正沿着襄河往南走，天气突然下起了大雨，而他们所在的地方又地处荒凉地带，想找个避雨的地方都找不到。

正当他们不知如何是好时，庞宪忽然发现前面有只小船正在向岸边停靠，于是拉着师父朝着小船奔去。

船上是个老翁，老翁见李时珍等人被雨淋湿，忙让李时珍上船避雨，还拿出一瓶酒，让李时珍他们喝了祛除寒气。

在聊天过程中，李时珍得知这位老翁对各种鱼类的生活非常熟悉，便问道：

"我有个问题想向您讨教。有人说，凡鱼产子，都是粘在草上和土里，冬月寒水过后，也不腐烂，到五月的三伏日，雨中便化为鱼。真的有这么一回事吗？"

老翁听完李时珍的话，笑着说：

"哪有这么回事啊！根据我多年的观察，凡鱼一般都在冬季孕子，到春末夏初产子，雄鱼跟在后面洒白（搜精），覆盖在子上，几天后，这鱼子就化成了鱼苗。所谓鱼子都是粘在草上和土里，到五月三伏日，雨中便化为鱼，这种说法是错误的，哪有这回事？"

李时珍一听，点点头说：

"老人家说得有道理。"

老翁问道：

"李大夫，你既然出来访药，怎么还这么关心鱼类的生长状况呢？难道鱼也能当药用吗？"

李时珍回答说：

"是的，有几十种鱼都可以当药用。就说我们大家都熟悉的鲤鱼吧，它就可以治疗黄疸、水肿等多种疾病。"

"原来是这样啊！怪不得你对鱼类这么关心呢。不过，既然你是出来访药的，为什么不去南京看看呢？"

李时珍有些不解，忙问道：

"为什么要去南京呢？"

"你难道不知道吗？听说南京的药王庙现在正举行三皇会呢，全国各地的药材商都汇集在南京做药材生意，据说什么药材都有。"

李时珍一听，非常高兴，说道：

"这样的机会可真应该去看看。"

他想，全国各地的药材商都汇集在南京，各种各样的药材肯定也都汇集到南京去了，这的确是了解和访查药物的好机会。

老翁见李时珍很有兴趣，就热情地说：

"反正我也要到大江中去打鱼，干脆顺着襄河把你们送到武昌，然后再找个熟悉的船家把你们带到南京去，你看怎样？"

李时珍见老翁这么热情相助，激动得连连说道：

"真是太感谢您老人家了！"

于是，老翁驾着渔船沿着襄河顺流而下，将李时珍几人送到武昌，就去替他们寻找去南京的船只去了。

（二）

大雨停后，李时珍见天色还早，便与庞宪、建元一道到外面去散步。三人漫步在武昌街头，眼前的景物都让他们感到十分新鲜。由于李时珍刚从山区来到武昌，他也觉得这街道似乎比以前更宽阔、行人也更多了。

在街上转了一圈后，李时珍又来到黄鹤楼。这里是李时珍在楚王府任职期间经常来的地方。当时，李时珍虽然在楚王府中，但却经常到外面去为人疗病。因此，他与蛇山观音阁的一个老和尚很要好。

老和尚知道李时珍是荆楚一带的名医后，对他十分敬重。有些病人闻知李时珍经常来观音阁，也从四面八方赶到这里向他求医问病。这样一来，观音阁在无形之中便成为李时珍的义务诊所，他也在这里治好了不少病人。这一切，李时珍如今都记忆犹新。

李时珍登上蛇山后，在庞宪的陪同下，缓步登上黄鹤楼。在黄鹤楼的最高一层，他眺望远处的汉阳与汉口，俯视滔滔的长江，不禁感慨万千：这滔滔江水，千百年来奔流不息，不知哺育了多少炎黄子孙！而作为医生的他，又该如何为子孙后代造福呢？在李时珍看来，他能做的就是一定要把《本草纲目》编写好。现在，通过"博览群书"到

"广采四方"，他对编好《本草纲目》也更加满怀信心了。

从黄鹤楼下来后，李时珍很快又被黄鹤楼周围的各种摊贩吸引住了。这里有玩杂耍的，有拆字、算命的，有卖小杂货的，也有摆药摊的。在这众多的小摊小贩中，最引起李时珍注意的，自然是摆在黄鹤楼旁边一个广场上的那些药摊了。

李时珍挤过熙熙攘攘的人群，来到一个药摊前停了下来，只见一个满脸络腮胡的彪形大汉正左手举着一根药，右手拍着隆起的胸肌叫卖着，"人参，人参，真正的人参补血、健身。"

李时珍从大汉手里接过那根人参，仔细端详了一番，皱了皱眉头，然后问道：

"你卖的这是人参吗？"

那大汉假装镇静而认真地说，

"当然是了！你要买吗？"

李时珍毫不客气地指出：

"你这明明是桔梗嘛，怎么能充作人参卖呢？"

那大汉一听，对李时珍揭穿他的行为十分气恼，便朝李时珍走近一步，喝道，

"你凭什么说这是桔梗？"

庞宪一见，忙上前护住李时珍，说：

"我师父行医几十年，还能不认识桔梗吗？真是岂有此理！"

那大汉一听，更加气愤。他把袖子一撸，上前一把抓住李时珍的衣襟，怒道：

"你在这里破坏我的名声，可别怪我对你不客气！"

说着，他举手就要打李时珍。

围观的人见那大汉要动手打人，都怒喝道，

"不准打人！"

"你卖假药骗人，还敢当众行凶！"

那大汉见众人都怒喝自己，也不敢纠缠了，把药掉收起后，挤出人群溜走了。

李时珍望着溜走的大汉，陷入了沉思……

这天夜里，李时珍躺在床上翻来覆去睡不着。他想，从眼前碰上的这些情况看，这《本草纲目》非要加紧编写不可，否则，一些药贩子就会继续以假药充真药去骗人。同时他还想起，药农们说应在《本草纲目》中将各种药物的形状、性能、用法、产地及栽培方法等，都详细地写上，以便人们识别运用，……对了，还应在书中加上一些实物图样，让人们一看就知道什么药是什么样子，这样那些卖假药的人才无法继续骗人。

（三）

第二天，老翁就帮李时珍找到了一条直达南京的船，李时珍和庞宪、建元顾不上回家，直接去了南京。

几天后，李时珍一行来到南京。一上岸，就听见人们都在议论药王庙的热闹情景，李时珍想，这次总算赶上了这个盛会，因而心里十分高兴。

他们将行李放在旅店里，然后立即找到附近的药摊去查访。在药摊上，李时珍一面看，一面问，有时还拿起一些药物仔细比较，或着与庞宪、建元一起商量、研究。一直到散场，他们才恋恋不舍地回旅店歇宿。

第二天一早，李时珍又和庞宪、建元来到药王庙，将那里的每个药摊都重新仔细看了一遍。李时珍还反复去观察、研究那些自己所不熟悉的药物。看着看着，他忽然发现在一个云南药商的药摊上有一种黄褐色的药材，这种药材看上去与树根差不多，是李时珍从未见过的。一次，他就挤上去问道：

"请问，这种药叫什么名字？"

药商回答说：

"这是云南的特产，叫参三七。"

在以往的"本草"书里，李时珍从未看到过这种药名，现在听说这种药叫"参三七"，他想自己又找到了一种新药，心里有说不出的高兴，便顺手拿起一根，问道：

"这种药能治一些什么病呢？"

药商又回答说：

"在我们云南，一般都用它来止血、放血、定痛。曾经有位妇女产后大出血，一吃这种药，血立刻就止住了；有个男的被刀砍伤，血流不止，用这种药末一敷，不仅止住了血，伤口还很快就结了疤。"

李时珍越听越有味，连连说道：

"好，好，好，这种药太好了，我买一些。"

说着，他就掏钱买了几两。

一连几天，李时珍每天都要到药王庙来观看、查问，了解各种他所不熟悉的药物。除了买了从未见过的"参三七"，他还买了"乳香""白豆蔻"等一些外国药材。李时珍高兴地对庞宪、建元说：

"如果我们不来南京，像这些外国药材是根本没办法搜集到的，这对编写《本草纲目》又增加了许多新材料啊！"

正当李时珍三人满怀喜悦地准备离开药王庙时，忽然从背后传来了一阵急促的马蹄声。李时珍回头一看，只见大街上的行人纷纷向街道两边躲闪，似乎发生什么大事。

原来，有一队马队正向这边疾驰而来。在马队中的中间有一辆囚车，囚车里关押着一个老道士。老道士正隔着囚栏向外大喊：

"冤枉啊！皇上是他们害死的，我什么都不知道啊！"

马队和囚车过去后，李时珍听到人们纷纷议论开了。原来，关在囚车里的老道士正是南京的道正司。

1566年，嘉靖帝朱厚熜因长期服食丹药中毒身亡，他的儿子、明穆宗朱载垕继位后，一反其父朱厚熜的做法，废除坛醮，撤掉炼金所，严惩方士，这老道士就是在严惩方士的情况下被抓的。这是隆庆元年（1567）的事。

李时珍听着人们的议论，想起自己当年在太医院丝线诊脉，向嘉靖皇帝提出重修"本草"时，曾劝他不要再服食所谓"仙丹"的情景，但嘉靖帝根本不听，结果终于自食恶果，这还能怪谁呢？

第十五章　《本草》集成

亦无所询征，妨附于子，以俟博识。

——（明）李时珍

（一）

南京药王庙的盛会结束后，李时珍便和徒弟庞宪、次子建元一起乘船回到蕲州。一家人分别几年后，终于又团聚在一起，因而都无比高兴。

吴氏见李时珍的面容有些憔悴，胡子、头发都白了不少，便有些难过地说：

"你们来信总说一切都好，谁知道竟然苦成这个样子……"

李时珍笑着说：

"不辛苦啊！我们每天都吃得饱、睡得好，你们看，现在回来了，不是很好吗？"

一家人谈了一会儿家常后，李时珍便对几个儿子说：

"我这次和庞宪、建元出外访查药物，历时近两年，收获很大，使我对编好《本草纲目》更加满怀信心。所以，我提议，家里除了建中继续准备参加考试外，其余人都要动手，参加编写工作。"

建元一听，高兴地说：

"父亲，那您老人家就给我们分配任务吧。"

李时珍点点头，说道：

"从现在起，我的主要精力就用在编写《本草纲目》上，不能每天坐诊了，庞宪和建元学医都已学得不错，我想让你们两人来坐诊。"

庞宪和建元点了点头，应允下来。

李时珍又说：

"这次出外访药，很多药弄都提出应在《本草纲目》这部药书中附上药物图样，我觉得这是个好主意。为了帮助人们识别药草，防止混用、误用，在编写这部药书时，还要绘制出图样，这件事你们谁能胜任？"

建元一听，自告奋勇地说：

"这件事我来做吧。"

李时珍又点点头，随后又安排儿子建方负责稿子的抄写、誊清，安排妻子吴氏整理他外出寻访带回来的药草和标本等。

第二天，李时珍一家便为编写《本草纲目》一事忙活开了。

李时珍自己首先将各种各样的笔记本清理出来，书案上堆起了高高的一摞。记录在这些笔记里的，有的是他从古书中摘录下来的材料，有的是记录别人口述的材料，还有一部分是他自己的读书心得，或听别人讲述一些药物情况时所产生的联想、质疑等的记录。为了编写《本草纲目》，李时珍记录下来的这些札记材料，差不多有上千万字。

现在，李时珍除了考虑对这上千万字的材料如何进行整理外，还着重考虑在着手编写《本草纲目》之前，应该怎样将《本草纲目》的体例确定下来，以及如何对这众多的药物进行科学分类等问题。

李时珍想，许多旧的"本草"书中，大多是采用的上、中、下"三品"分类法，也就是把药物分为三等，即所谓的"上药养命以应天，中药养性以应人，下药治病以应地"，而不是按照药物的属性或功用来分类的。

事实上，这是封建等级制在医药学上的一种反映，李时珍认为，必须打破这种所谓的"三品"分类法，按照植物药、动物药和矿物药等范畴来进行分类，这样才能使分类条理清晰，一目了然。

根据这一考虑，对即将编写入《本草纲目》中的那些药物，李时珍采取了分纲定目的办法，首先将这些药物分成为水、火、土、金石、草、谷、菜、果、木、服器、虫、鳞、介、禽、兽、人体等共16个部门。对每一个部门，他又分成若干类。

比如，对"水"这一大类，李时珍就将它分为天水和池水，而天水又包括雨、露、霜、雪、雹等；又如对"草"这一大类，则按性能和形态分成芳草、毒草、蔓草、苔草，按其生长环境又分为山草、湿草、水草、石草等。

这16个部门，一共包括了60类，1892种药物。同时，李时珍还将各类中的药物按照"释名""集解""修治""气味""主治""发明""正误""附方"8个部分给以说明，从而主次分明，有条不紊，很便于学习和检索。

（二）

纲目、分类等确定后，基本就等于已经为《本草纲目》的编写制定了方向，为编写工作的顺利进行创造了重要条件。因此，当李时珍重新开始《本草纲目》的编写工作时，他感到得心应手，编写工作也能按部就班、循序渐进地进行下去。

从这时开始，李时珍每天除了帮庞宪看一些疑难病症之外，其余时间都坐在自己的书房里，几乎从早到晚都在奋笔疾书。他的主要精

力，也全部都投入到了《本草纲目》的编写工作当中。

在编写过程中，对于以往旧的"本草"书中写错或讲得含混不清的药物，李时珍都采取了用实物对证的方法来认真加以纠正；对于一些应该合并的药物，他也都按照新的分类方法予以合并；对按新分类法应该划分开的药物，他也都一一进行了划分。而对于笔记中所记录的那些素材，他更是反复琢磨，仔细推敲，认真整理，从中提炼出了最有用的精华，然后再按照他所确定的新的药物分类法，将其编写入《本草纲目》之中。

《本草纲目》的编写工作，就这样一步一步、扎扎实实地向前推进着。而随着《本草纲目》编写工作的进行，李时珍一家人也更加紧张繁忙。在李家的堂屋里，李建元每天都要聚精会神地绘制药物图样，李建方则不停地誊抄稿件，李时珍的妻子吴氏则精心地装订着稿本，案头上的稿本也越堆越高。

就这样，从明隆庆元年（1567）正式动笔编写《本草纲目》开始，到明万历六年（1578），也就是李时珍61岁的那一年止，李时珍及其家人和弟子前后历经11年的时间，终于将《本草纲目》的初稿编写出来了。

此后，李时珍感到初稿尚不完善，又花了3年多的时间对其进行了三次大的修改，才最后成书。如果从明嘉靖三十一年（1552）下决心要编写《本草纲目》算起，再加上10年读书和出外访查药物，李时珍为编写《本草纲目》前后共花费了近30年的时间。

在这期间，李时珍"考古证今，奋发编摩，苦志辨疑订误，留心纂述诸书"，"行年三十，力肆校雠，历岁七旬，功始成就"，真可谓是呕心沥血，废寝忘食，风雨寒暑，兢兢业业，如果没有坚韧顽强的献身拼搏精神和公而忘私的高尚思想品德，是难以完成这规模宏伟的巨著的，其间的辛酸甘苦，恐怕也只有李时珍自己才有最深切的体会。

第十六章　巨著内容

——采视，颇得其真。

——（明）李时珍

（一）

《本草纲目》的完成，在我国2000多年的药学发展史上是空前绝后的。全书共收集药物1892种，附方11000余则，插图1100余副，全书共190余万字。它以其庞大的规模、精细的分类方法、缜密的编排体系、丰富的医药学内容而首屈一指，独占鳌头。

更难能可贵的是，这样一部药学巨著，基本都出自李时珍一人之手，这与历代有些由官府拨款、集体编写的药物著作比起来，更显得伟大和不凡。

《本草纲目》不仅具有丰富的医药学知识，而且还有着广泛的博物学内容。书中广泛涉及植物的生长形态、动物的生活习性以及矿物的分布产地、开采、性状等内容，其数量之多及内容之丰富，在当时的世界上是领先的。

而且，李时珍对于植物、动物的分类方法，基本都与现代生物学的分类相吻合，如果不经过详细的观察比较及深入的研究，是很难做到的。

《本草纲目》共52卷，其分类精确而科学，以纲代目，纲举目张，从而显得条理清晰，一目了然。其中，该书的第一、第二两卷为"序列"，相当于全书的总论，主要分为"本草历史"和"药性理论"两部分的内容，首先是对历代各家本草书籍进行介绍，从最早成书的《神农本草经》，到明嘉靖末年成书的《本草蒙筌》，凡介绍重要著作41种，基本可以反映出我国药学发展的轮廓。

接着，李时珍又结合前代的医药书籍，对药物理论、制方用药法则，以及前代医家的治病用药特点等，都给予了简要的叙述，从而使得药学理论得到比较系统的归纳总结。

其次，该书的第三、第四两卷为"百病主治药"，按照内科、外科、妇科、儿科等，记载了113种疾病的主治药物，从而使读者对于这些疾病的治疗，在药物的选择上有了一个总体的认识。这部分的内容编排得井然有序，前后自成体系，简直就像是一部临床实用的药物手册。

因此，可以说，《本草纲目》并非只是一部药学专著，它还对各种疾病的临床治疗有着很高的参考价值。如果再加上各种药物后面所附加的丰富的治病药方，那简直就是一个用药、选方、治病的宝库了。

从该书的第五卷之后，李时珍便开始系统地介绍各种药物，按照16部、60类的编排方法，从无机界到有机界，从植物到动物，从低级生物到高级生物，将1892种药物次序竟然地排开。读者一打开书本，便如同进入了一个丰富多彩的自然科学博物馆之中。

前面我们已经介绍说，《本草纲目》中的16个部，就是根据药物的自然属性所分成的16个部分，分别为水部、火部、土部、金石部、草部、谷部、菜部、果部、木部、服器部（属植物的加工制品）、虫部、鳞部、介部、禽部、兽部、人部。

从以上的排序我们可以看出，李时珍是根据物质的构成和属性，由简单到复杂、由低级到高级的顺序进行排列的。用李时珍自己的话说，就是"首以水、火，次之以土，水火为万物之先，土为万物母也。次之以金、石，从土也。次之以草、谷、菜、果、木，从微至巨也。次之以服器，从草木也。次之以虫、鳞、介、禽、兽，终之以人，从贱至贵也"。

按照当时科学的发展水平，李时珍当然不可能掌握现代生物学的分类方法，但他凭借着自己对自然界的广泛而深入的研究、细致入微的比较分析，所创造出来的分类方法竟然与现代生物学的分类方法殊途同归，基本掌握了物质世界由低级到高级的发展进化规律。

（二）

在《本草纲目》中，16个部的划分其实只是一个概括性的划分。在此基础上，李时珍又将这16个部划分为60类，然后再将1892种药物分属于60类之下。具体的分类方法是：

水部分天水部、地水类，火部独成一类，土部独成一类，金石部有金类、玉类、石类、卤石类，草部有山草类、芳草类、隰（低湿的地方）草类、毒草类、蔓草类、水草类、石草类、苔草类、杂草类和有名未用类，谷部有麻类、麦类、稷粟类、菽豆类、造酿类（属谷物的加工制品），菜部有荤辛类、柔滑类、蓏（为瓜类植物的果实）菜类、水菜类、芝栭（木上所生的蕈类）类，果部有五果（李、杏、桃、栗、枣）类、山果类、夷果类、味果类、蓏类、水果类，木部有香木类、乔木类、灌木类、寓木类、苞木类、杂木类，服器部有服帛类、器物类，虫部有卵生类、化生类、湿生类，鳞部有龙类、蛇类、鱼类、无鳞鱼类，介部有龟鳖类、蚌蛤类，禽部有水禽类、原禽类、林禽类、山禽类，兽部有畜类、兽类、鼠类、寓类、怪类，人部独成一类，以上总计共60类。

李时珍将药物所划分的这些类别，有的是按照生长环境划分的，有的是按照气味划分的，有的是按照毒性划分的，有的是按照形态划分的，有的是按照性质划分的，有的是按照栖息环境划分的，有的是按照家养与野生划分的。

在这里，我们不妨用现代生物学的分类方法与李时珍所著《本草纲目》中的分类法作一番比较。比如，《本草纲目》中果部的五果类和山果类的杏、李、巴旦杏、桃、梅、梨、棠梨、木瓜、山楂、林檎、枇杷、樱桃等部，都属于现代植物学分类中的蔷薇科木本植物；草部中毒草类的大戟、干遂、泽漆、狼毒、续随子等，都属于现代植物学分类中的大戟科植物；草部中芳草类的菊、野菊、艾、千年艾、青蒿、白蒿、黄花蒿、茵陈蒿等，都属于现代植物学分类的菊科植物；谷部中稷粟类的稷、黍、粟、蜀黍、稗、穇子等，都属于现代植物学分类的禾本科植物。

由此可见，《本草纲目》一书中的分类方法，有很大一部分与现代生物学的分类方法是一致的。因此可以说，李时珍对于植物生长形态的区别和分类，在当时已经是相当科学的了。

在60类之下，便是对1892种药物的分别介绍，而每一种药物的介绍，又分作释名、集解、修治、气味、主治、发明、正误、附方这八个部分给予说明。

所谓"释名"，就是对药物名称的解释，同时还列举了这种药物的古今别名。比如，在解释"茺蔚"这味药时，李时珍在书中写到：

此草及子皆充盛密蔚，故名茺蔚。其功宜于妇人及明目益精，

故有益母、益明之称。其茎方类麻，故谓之野天麻。俗呼为猪麻，猪喜食之也。夏至后即枯，故亦有夏枯之名。

（三）

所谓"集解"，是记载前代的医药家对于该药产地、品种、形态、采收等方面的论述，并包括了李时珍自己对于药物的补充说明。

比如，在"续断"的条下，李时珍先是罗列了《别录》、吴普、陶弘景、苏歌、苏颂、雷敩诸家，然后接着说：

> 续断之说不一。桐君言是蔓生，叶似荏。李当之、范汪并言是虎蓟。日华子言是大蓟，一名山牛蒡。苏恭、苏颂皆言叶似苎麻，根似大蓟，而《名医别录》复出大小蓟条，颇难依据。但自汉以来，皆以大蓟为续断，相承久矣。究其实，则二苏所云似与桐君相符，当以为正。今人所用，以川中来，色赤而瘦，折之有烟尘起者为良焉。

所谓"修治"，是记载药物的加工炮制方法，而且往往列举古今的炮制不同。

比如，在"熟地黄"的条下，李时珍先是记叙苏颂、雷敩等前代医家的炮制方法，紧接着又说：

> 近时造法：拣取沉水肥大者，以好酒入缩砂仁末在内，拌匀，柳木甑子瓦锅内蒸令气透，晾干，再以砂仁酒拌蒸晾。如此九蒸九晾乃至。

所谓"气味"，主要是记载药物性质的寒热温凉、甘苦酸辛、有毒无毒以及历代本草书中对"气味"不同属性的记叙，有时还涉及药物归经、药味相反相杀、相恶相畏、相须相使和有关服药禁忌、注意事项等内容。

所谓"主治"，是记载药物的功能和所能治疗的病症。在此项中，李时珍不仅罗列了前人的一些说法，还根据自己的临床体会，补充了新的药用功能。

比如，在"升麻"的条下，李时珍就补充有"消斑疹，行淤血，治阳陷眩运，胸肋虚痛，久泄下痢，后重遗浊，带下崩中，血淋下血，阴痿足寒"等内容，从而扩大了升麻的临床实用范围。

所谓"发明"，是记载历代医药家对于药物功用的认识和临床应用的经验，其中更有李时珍本人对药物认识和使用的心得体会。

比如，在"前胡"条"发明"项下，李时珍就说：

其功长于下气，故能治痰热喘嗽、痞膈呕逆诸疾，气下则火降，痰亦降矣。所以有推陈致新之绩，为痰气要药。陶弘景言其与柴胡同功，非矣。治证虽同，而所入所主则异。

所谓"正误"，是李时珍对前代本草书籍中的错误记载进行辩驳和给予修正，其中包括药名、形态、功能主治等许多方面，凡是他认为前人记述不实不确之处，都一一给予拨正。

比如，"巴豆"一味，陶弘景在《本草经集注》中说道家服饵神仙，普通人吞一枚便死，而鼠食之三年重30斤。李时珍在《本草纲目》中辩驳说：

汉时方士言巴豆炼饵，令人色好神仙，《名医别录》采入本草。张华《博物志》言鼠食巴豆重30斤。一谬一诬，陶氏信为实语，误矣。又言人吞一枚即死，亦近过情，今并正之。

所谓"附方"，是记载与该药有关的治疗疾病的药方，这一项中记载着丰富多彩的历代医家治疗各种疾病的经验方剂，当然也包括李时珍的父亲李言闻的药方和李时珍自己的《濒湖集简方》。

《本草纲目》一书中对每种药物的记载，都包括了药物的名称、采集、炮制加工、气味良毒、功用主治、经验心得、注意事项和治病药方等内容，从而让每一个学习者对其中的每一种药物都能有一个全面而完整的认识。

（四）

在《本草纲目》一书的1892种药物当中，有374种是李时珍新增入的。也就是说，有374种药物是李时珍将民间习用而以往本草书籍中不载者正式写入了《本草纲目》，从而为中药新品种的开发、为中国民药学的丰富和发展做出了不可磨灭的贡献。

在这些药物品种当中，有不少药物如今已经成为医药科学领域中常用和重要的药物。比如，现在我们都知道且经常使用的止血良药云南白药，其中主药之一的三七粉，就是李时珍的一项重要发现。

在《本草纲目》的第十二卷中，李时珍记载道：三七又叫山漆、金不换，出产于广西南丹一带的深山中，原是由南方的士卒用来治疗金疮止血的，后来逐渐沿用传开。

三七与人参同属于五加科植物，而李时珍当时已经认识到，三七的味是微甘而苦，"颇似人参之味"。接着，他又记载：此药有良好的止血化痰、消肿定痛作用，可以治疗创伤出血、跌打肿痛，还可以治疗妇女月经过多、出血不止，以及口鼻出血、大便下血、尿血、血淋等多种出血性疾病。在"附方"一栏中，李时珍还记载了十多个以三七为主药的治病药方。

可以说，《本草纲目》称得上是一部伟大的药学巨著。无论是在总体内容上，还是在药品数种上；也无论是在药物分类方法的科学性上，还是在记载每味药物的正确性上；无论是在历史文献的价值上，还是在目前的实用价值上，《本草纲目》都大大超过了前人的著作。

在《本草纲目》问世之后，在其巨大的影响之下，中国再度出现了一些新的本草类书籍，如明末清初刘若金编著的《本草述》、清代汪昂的《本草各要》、赵学敏的《本草纲目拾遗》等，虽然都各有各的特色和价值，但从规模之庞大与内容之丰富来说，这些著作都难以超越《本草纲目》的医学价值。

之所以这样评价，是因为历代名医不一定都是本草学家，但著名的本草学家大多都是名医。李时珍首先精通医术，有着丰富的临床经验，后来又花费更大的精力从事本草研究，处处结合论述医理来阐述药物药性，并通过大量医案、医话阐发医学奥秘。

此外，在编写《本草纲目》的同时，李时珍还劳心苦思，写成了其他6部医学著作。其中，关于脉学的有《濒湖脉学》《奇经八脉考》《脉诀考证》；关于三焦、命门理论的有《三焦客难》《命门考》。此外，还有关于临床医疗经验的《濒湖医案》。

现在，只有前面三部著作尚存，后三部著作已经失传。尽管如此，其部分内容仍然可从《本草纲目》中考知。

第十七章　含泪辞世

医而知八脉，则十二经十五络之大旨得矣；仙而知乎八
脉，则虎龙升降，玄牝幽微窍妙得矣。

——（明）李时珍

（一）

1578年，李时珍历经艰辛，终于编成了《本草纲目》这部药物学巨
著，在中国古代文化史上写下了光辉灿烂的一页。

《本草纲目》编成之后，李时珍的心情悲喜交集。面对眼前的一部
书稿，他欣喜地看到自己几十年风雨山林、寒暑灯窗的苦心经营，终
于结出了丰硕的果实，一种喜不自胜的欣慰洋溢在他的心头。他闭目
冥想，想此书将来一旦刻印出版，遍布于祖国各地，将会有数不清的
人从这部书中受益，为从事医药的人们和广大患者造福。而他自己，
也将与这部《本草纲目》一起，永垂不朽。

然而想到这里，一个重要的问题又摆在李时珍面前了，那就是怎样
将这本具有实用价值的医书刊印出来，让它流传于世。这样一部卷帙
浩繁的书稿，刻版印刷将会耗费大量的人力、物力和财力，有谁愿意
承担这样一项庞大的工程呢？

　　况且，当时的明朝统治阶级正在大兴文字狱，废除私人讲学，拆毁天下书院，焚书、毁书之风正刮得猛烈。在这样一种压抑、恐怖的思想、文化环境中，这部书能否刊印问世，实在是难以预料。虽然自己的书是医药学著作，但书中内容广泛，谁能知道什么地方会触犯朝廷文网密布的禁律呢？因为当时的统治者们，经常会对士大夫的言论无中生有地进行挑剔，以莫须有的罪名对他们进行残酷的打压。

　　一想到这些，李时珍的心头便又罩上了一层忧郁的愁云。但是，随即他又想：

　　"为之奋斗了27年的书稿，怎么能让它积压在案头呢？不行，不论遇到多大的困难，都要争取出版。"

　　想到这些，李时珍便开始为刻书而奔波起来。万历七年（1579），李时珍为了《本草纲目》的刻印出版奔走于黄州、武昌等地，打听有关刊印的事，但由于当地的刻书业不发达，几次努力都没有联系成功，他只好带着失望的心情返回蕲州。

　　当时，南京是全国的出版中心，书商多，经营规模大，印刷业也相当发达，刻工技术较高，常常出版大部头的书。李时珍抱着希望，又于次年去了南京。

　　南京是明朝初年的国都，永乐皇帝朱棣迁都北京后，南京便作为陪都被保留下来，中央一级的机构建制基本保持不变，所辖地区仍称为南直隶，所以明代的南京仍旧俨然是国都所在，是明王朝的另一个政治、经济、文化中心。

　　作为六朝古都的南京，不但山川险要，虎踞龙盘，而且人文荟萃，富贾云集，刻书业也十分发达。一些中央政府机构，如内府、秘书监、国子监、詹事府、太医院及各部史局、司礼监自不必说，仅私人刻书铺有案可查的就有50多家。这些书铺星罗棋布，将当时的南京点

缀得更加繁华。

李时珍来到南京之后，曾与多家刻书坊联系，但或因书坊规模太小，承担不了这么巨大的任务，或由于出版商认识不到《本草纲目》的价值，均被拒之门外。

此外，正如李时珍考虑的那样，当时的明朝统治阶级正在大规模地开展禁书、毁书活动，使得很多私人刻书家和出版商们都心惊胆战，畏若虎狼，生怕自己的书坊因为刻印了朝廷认为是"异端邪说"的图书而招致灭顶之灾。

原来，早在明朝刚刚建立之时，对于文化、思想方面的禁锢政策就相当严重。由于朱元璋本人出身寒微，没有多少文化，当上皇帝之后，对知识阶层的文人士大夫们总是抱着一种猜忌不信任的心理，常常怀疑他们的言论是在影射和讥讽自己。

比如，当时有人因为在文章中使用的个别字与朱元璋身世中的某些字词音近，就被朱元璋怀疑是有意讥讽自己，为此甚至逼迫该人自缢。

到了明朝中后期，一些思想开明进步的文人学士，由于对朝廷大力提倡程朱理学，束缚人们的思想深感不满，纷纷创办私立书院，开创私人讲学，一时蔚然成风。

而统治阶级则认为，这些人设立私学的行为是"妖言惑众"，生怕这些言行动摇了他们的统治地位。就在李时珍奔走于黄州、武昌，联系刻印《本草纲目》的时候，明神宗朱翊钧下诏，拆毁书院64所；万历十三年（1585）再次下诏，毁掉天下所有私立书院，著名学者何心隐也因为提倡私人办书院讲学而被判以"妖道"罪被捕致死。敢于以"异端"自居的著名思想家李贽，早年曾担任过国子监博士、刑部员外郎等职，后来因不满官场黑暗，愤而辞官，居住在湖广麻城的芝佛院，专门从事讲学和著述，公开反对程朱理学"存天理，灭人欲"的说教。他的重要著作《焚书》即是在麻城刻印刊行的，后来以"敢倡乱道，惑世诬民"的罪名被迫害致死。

处于这样一种复杂的社会环境中，刻书坊和出版商们自然都十分谨慎。因此可以说，李时珍的《本草纲目》在当时难以找到印刻渠道，是由社会原因造成的。

（二）

《本草纲目》不能刻印，对李时珍来说是个很大的打击，甚至令他寝食难安。

正当李时珍无计可施、一筹莫展之时，他的一位朋友跑来问他，可否认识曾出任过湖广按察使、南京刑部尚书等显要官职的著名文人王世贞。

李时珍一听，回答说：

"认识。万历元年（1573）他任湖广按察使时，我们曾见过面。卸职后，听说他在江苏太仓居住。"

朋友点点头，对李时珍说：

"有人告诉我说，王世贞对你编写《本草纲目》这一壮举非常敬佩，你为何不去找他帮帮忙呢？"

王世贞（1526—1590），字子美，号凤洲，又号弇州山人。江苏太仓人，是嘉靖年间的进士。李时珍去南京寻找刻印书坊时，他就已经罢官归家。

王世贞是当时非常著名，他文采横溢，诗文冠于一时，在当时的士大夫阶层中享有很高的声望。李时珍与王世贞虽然仅有一面之缘，但一直很佩服他的才学和为人。因此，李时珍想，如果能得到王世贞的帮助，《本草纲目》的刻印问题或许能够解决。

于是，万历八年（1580）重九日，李时珍带着《本草纲目》的部分书稿，来到江苏太仓的弇山园拜访王世贞，受到了王世贞的热情接待。

李时珍说明了自己此次的来意，并拿出《本草纲目》的书稿给王世贞过目。王世贞很快就被书中那丰富多彩的博物学内容吸引住了，便与李时珍畅谈起来。一经细谈，王世贞发现李时珍的学识非常渊博，凡经、史、子、集，天文地理，动植物产，无所不谈，因而两人谈得十分投机。

应李时珍的要求，王世贞还为《本草纲目》写了一篇序文，并即兴写了一首开玩笑的七言诗赠与李时珍。在王世贞所写的序言中，对李时珍所著的《本草纲目》给予了极高的评价。

然而，这篇让李时珍热望不已的短序在王世贞允诺之后，直到10年后才写出来。王世贞之所以拖了这么久，并非有意，而是担心他写序的行为会触犯朝廷。他知道，宫廷秘阁还有另外一部有关"本草"的书，迄今仍在封存。这部《本草品汇精要》由太医院集中了46位太医，在弘治十六年（1504）集体编撰，明孝宗亲自作序，没想到修成才两个月，孝宗便突然死亡，有人怀疑谋逆。

此案发生后，主修《本草品汇精要》的医官中有十多人都牵涉案中，自然连书也成了禁忌。从弘治到万历，70年了，谁都不敢提起。李时珍虽然在太医院任职一年，但毕竟时间短暂，尚且不清楚前朝旧事。王世贞不同，他立志史乘，早就留心搜罗本朝故实，自然对此所知甚详。这个政治忌讳，他是不敢轻易触动的。

不过，这件事王世贞也不便跟李时珍明说，只好口头应下为《本草纲目》写序，此后一拖再拖。即使李时珍着急，他也惟有虚与委蛇。

在这10年当中，王世贞多次起复任用，直到被任命为南京刑部尚书，最后病退还家，才开始动笔为《本草纲目》写序。万历十八年（1590）春正月十五上元灯节，王世贞在观赏过花灯和月亮会，方写成序。李时珍得到消息后，也及时再次赶到太仓，从王世贞手中接过了这迟到10年、不满千字的宝贵序言。

（三）

虽然李时珍在拜访王世贞时，王世贞答应为《本草纲目》写序，但关于刻印之事，王世贞并没有为李时珍提供什么切实可行的帮助。

从南京回到家中后，李时珍继续对《本草纲目》进行修改润色，闲暇之时，他也仍会为患者诊治疾病。

由于青壮年时期经常外出，艰辛跋涉，访医采药，以及编撰《本草纲目》的劳心费神，此时的李时珍越来越感到自己精力日减，老态龙钟了。他意识到，自己有生之年已经不多，而花费了自己一生心血所编写的《本草纲目》却迟迟不能刻印。一想到这些，李时珍就会悲戚不已，甚至老泪纵横。

此时的李时珍，生理和心理上已经逐渐出现了明显的老化现象，情绪也常常波动不稳，有时伤感，有时燥怒，有时一个人默默地独坐很久，有时抚摩着《本草纲目》的书稿长吁短叹。

在李时珍70岁的这一年，他将自己以往写下的诗歌收集在一起，编写了一本《蕲所馆诗集》。也是在这一年，远在四川蓬溪任职的长子李建中回家省亲，并为父亲李时珍庆祝了七十大寿，从而使抑郁寡欢的李时珍得到了少许的安慰。

《本草纲目》虽然一直没有刻印出来，但却已被广泛地传抄开了。几年后，南京有个藏书家，也是私营刻书业务的书商，名叫胡承龙。他在读到《本草纲目》的抄本后，非常赞赏，认为这是一部难得的好书，表示愿意刻印。

李时珍闻讯后，不顾自己年事已高，兴奋地立即坚持着又把《本草纲目》的稿本从头到尾仔细校读一遍，并于万历十七年（1589）72岁高龄时，再次来到南京，与胡承龙见面，联系《本草纲目》的出版事宜。

李时珍的次子李建元见父亲的身体越来越虚弱，就劝他不要再度远行，但倔强的李时珍执意要去，最后由建元陪伴照顾，终于来到南京，见到了胡承龙。

第二年，在胡承龙的支持下，《本草纲目》终于开始刻版。至此，笼罩在李时珍心头的愁云才开始消散。

一个人不断努力想要完成的事情一旦做到了，他的心情也会完全放松下来。对于李时珍来说，耗费了他一生精力的《本草纲目》只要刻印完成，成为人们学医用药的重用参考依据，他也就别无所求了。

万历二十年（1592），75岁的李时珍病倒了，而且是卧床不起。第二年，南京传开消息，说《本草纲目》马上就要刻印成功了。李时珍听了这一喜讯，更是高兴万分。他说：

"这部书总算快要问世了！它的成功，自始至终是与乡亲们和各方面的帮助分不开的！"

这一年，李时珍已经76岁，他的病情也越来越沉重。在快要离开人世时，他躺在床上，透过窗户，望着碧波荡漾的雨湖，望着附近的田野和远方的山峦，想起了自己与农民、菜农、药农等在一起活动时的情景，也想到了自己的书，想到了自己的一生。他想，《本草纲目》这部书的即将问世，不正是由于这些人的竭力支持和帮助的结果吗？可是，他却没来得及亲眼看到《本草纲目》的出版，便怀着深深的企盼和遗憾，与世长辞了。

在临终前，李时珍嘱咐次子李建元，要将即将刻印完毕的《本草纲目》进献给朝廷，以便让其得到更大范围的普及和使用。

一次，李时珍发现一本书上说野苎麻叶可以治疗瘀血症。于是就找了两杯生猪血来做实验。他在第一杯生猪血中放了野苎麻叶的粉末，另一杯则什么都没放。过了一会儿，放了野苎麻叶粉末的生猪血没有凝固，而作为对照比较的那杯生猪血却很快凝固了，苎麻叶治疗瘀血的功效得到初步证实。李时珍又深入思索：上面的实验只是证实野苎麻叶能够防凝，那么，对已经形成的瘀血块，它又有什么作用呢？于是，他又把苎麻叶粉末和入刚刚凝固的血块中，血块竟慢慢溶化成血水，这进一步证实苎麻叶还具有化瘀的作用。

第十八章 《本草》面世

青锁名藩三十年，虫沙猿鹤总堪怜。久孤兰杜山中待，谁
遣文章海内传。

——（明）李时珍

（一）

李时珍去世后不久，《本草纲目》一书的初刻本由胡承龙第一次刻
版的金陵本在南京正式出版发行了，最终实现了李时珍生前"治身以治
天下，书当与日月争光；寿国以寿万民，臣不与草木同朽"的遗愿。

万历二十四年（1596）十一月，李建元遵照父亲生前的遗嘱，向万
历皇帝朱翊钧呈送了一份"表疏"，连同李时珍生前的遗表及金陵本
《本草纲目》一起呈上，希望能够得到朝廷的支持，将此书翻刻，颁
行全国，造福万民。

然而，这万历皇帝却是个著名的昏君，常年深居宫内，纵情声色，
不理朝政，并大肆搜刮民脂民膏，用来修建自己的坟墓。当时的明王
朝统治阶级内部也是矛盾激化，党争不息，纲纪废弛，根本不重视科
学文化及医疗卫生事业的发展。

所以，当李建元将《本草纲目》呈送上去后，万历皇帝连看都没看

一眼，就在表疏上批下"书留览，礼部知道，钦此"几个字，随便应付一下。而礼部虽是大明朝文化事业的主管部门，但其中的大小官吏都忙于争权夺势，根本不会注意一部小小的《本草纲目》。就这样，这部历尽千辛才得以出版的药学巨著被打入了冷宫。

然而，凝集着李时珍一生心血的《本草纲目》不会因为朝廷的冷落就失去它应有的价值。与朝廷的轻视形成鲜明对比的是，《本草纲目》受到了广大群众的喜爱，它的科学价值也得到了社会的广泛承认，并且越来越受人们的欢迎。

从整体上来说，《本草纲目》系统地介绍了我国16世纪以前的本草药学知识，总结了我国有史以来的药学成果，的确可以称得上是一部集中国药学之大成的著作。

在药物的分类上，《本草纲目》不仅完全打破了《神农本草经》上、中、下三品分类的旧传统，还大大改进了《证类本草》的分类方法，从而确立了一个我国古代药物学史上最完善、最系统、最科学的新分类体系，比瑞典著名的植物分类学家林奈在1735年出版的《自然系统》一书中提出的类似分类方法早了100多年。

在药性、药效等方面，《本草纲目》也有许多超出前人的新见解。比如，书中科学地提出了药性可以通过炮制、配伍等办法加以改造，并注意到了各种药效的发挥与人的体质强弱及个体差异之间的关系。

同时，在辩正本草的疑误方面，《本草纲目》的成就也十分引人注目。对于历代本草当中有关药物名称、生药形态、性味归经、功能主治等记载的错误，《本草纲目》通过大量的文献研究、实地考察、标本比较、药理实验、亲自尝试、亲手解剖等方法和手段，进行了详细的订正，纠正了许多前人的错误。

此外，补充药物的功能主治，肯定药物的疗效，增加药物的品种等，也都是《本草纲目》的光辉成就所在，从而为后人就医用药开辟了很多新的途径，提供了诸多借鉴。

（二）

《本草纲目》一书的巨大价值不仅表现在药物学方面，对祖国医学基础理论的充实，对中医临床治疗学的发展，乃至对传统文化遗产的保存方面，都有着不可估量的作用。

在明代以前，关于人的精神活动与人体内脏的关系，由于历史条件和科学发展水平所限，医书中大多认为精神活动与心有关。自从早在战国时期成书的《黄帝内经》中提出"心主神明"以后，历代医家便都沿袭此说，无人提出异议，而李时珍通过长期仔细的临床观察，认为这种说法是错误的。

因此，李时珍冲破经典著作的束缚，在《本草纲目》的第34卷"辛夷"条下，大胆地提出了"脑为元神之府"的科学论断，明确指出大脑是精神活动的主宰。人的精神意识，思维、记忆等，均由大脑主管。所以，"脑为元神之府"这一观点的提出，应该说是一种至为重要的见解，是对中医基础理论的一个重要贡献。

此后，清代医家汪昂在其所著的《本草备要》一书中，也指出了"人之记性皆在脑中"的观点，王清任也在他的《医林改错》中提出"灵机记性在脑不在心"的观点。这些，都是在李时珍的影响下出现的。因此可以说，在传统的中医学领域当中，明确提出大脑与精神活动有关这一观点的，李时珍为首创。

在运用中药治病时，中医讲究一定的配伍法则。所谓"配伍"，也就是根据一定的搭配方法，根据具体病情的需要，将几种、十几种甚至几十种药物配合在一起，组成一个复合的整体，以便药物发挥出全面完整的治疗效果，这就是中医所谓的"方剂"。

在《本草纲目》一书中，李时珍对于各种药物之间如何配伍进行了许多精辟的论述。比如，早在《神农本草经》中曾提出药物的七种使用方法，即"单行""相须""相使""相畏""相恶""相反"和"相杀"，但都比较笼统，临床实用时也不宜掌握。

李时珍为了完善这一不足，便对这七种方法进行了具体的解释。在《本草纲目》第一卷的"序例"中，李时珍写道：

> 独行者，单方不用辅也；相须者，同类不可离也，加人参、百草、黄柏、知母之类；相使者，我之佐使也；相恶者，夺我之能也；相畏者，受彼之制也；相反者，两不相合也；相杀者，制彼之毒也。古方多有用相恶、相反者，盖相须、相使同用者，帝道也；相畏、相杀同用者，王道也；相恶、相反同用者，霸道也。有经有权，在用者识悟尔。

这段话的意思是说："独行"是使用一种药物治疗疾病，不再需要其他药物的配合，这种用药方法主要适用于病因单纯、病情较轻的疾病；"相须"是指药物之间的协同或互补作用，具有"相须"作用的两种或两种以上的药物共同使用，才能发挥更好的治疗效果；"相使"具有辅佐的意思，指协助主要药物更好地发挥作用；"相恶""相畏""相反""相杀"则是指药物之间的制约关系，前两者指一种药物可以选择性地抑制或减弱另一种药物的某些性能。"相杀"是指一种药物可以减弱或消除另一种药物的毒性；"相反"是指一种药物可以增加另一种药物的毒性或副作用。

而文章中所谓的"帝道""王道"和"霸道"等，则是李时珍提出的的一种比喻说法。其中，"帝道"指药性一致、药力平和的方法，"王道"则表示有互相制约的作用在里面，而"霸道"则是指药性完全不同的相反作用。这些方法的运用，都要根据病情的需要和具体情况灵活掌握。而该方法在中医治疗疾病的配方运用方面也具有重要的指导意义，甚至直到今天，依然在中医治病的选药组方上起着重要作用。

（三）

在运用中医治病的过程中，还有"十剂"的提法，这是六朝时期的徐之才提出来的。所谓"十剂"，也就是运用中药治疗疾病的十种方法，分别为宣、通、补、泻、轻、重、涩、滑、燥、湿十种。

然而，关于这十种方法的运用，徐之才论述得简略而狭窄。比如，他对"宣剂"的论述为"宣可去壅，生姜、橘皮之属是也"，不仅许多医家不得其解，就连历史上著名的金元四大医家中的李杲、张从正等人，解释起来也非常肤浅或偏执。如李杲解释为"气分壅塞不通"，用药增加了藿香、半夏；张从正认为，"宣剂"即"涌剂"，从而提倡用吐法。

针对这一疑问，李时珍在《本草纲目》之中，根据自己多年来对中医生理、病理的深刻认识以及中药治病的丰富经验，对这一段具有很高临床指导价值的文字进行了进一步细致的发挥。

比如，他对"宣剂"的解释为

壅者，塞也；宣者，布也。郁塞之病，不升不降，传化失常。

或郁久生病，或病久生郁，必药以宣布敷散之，如承沉、宣化之义，不独涌越为宣也。是以气郁，有余，则香附、抚芎之属以开之，不足，则补中益气以运之。火郁，微则山栀、青黛以散之，甚则升阳解肌以发之。湿郁，微则苍术、白芷之属以燥之，甚则风药以胜之。痰郁，微则南星、橘皮之属以化之，甚则瓜蒂、黎芦之属以涌之。血郁，微则桃仁、红花以行之，甚则或吐或利以逐之。食郁，微则山查、神曲以消之，甚则上涌下利以去之。皆宣剂也。

这样具体而详细的解释，不仅说明了"宣剂"的适应证，扩大了"宣剂"的适用范围，还对适应证的病因病机等进行了简要的说明。

在李时珍看来，所谓的"壅"，就是"郁塞之病"，而郁塞并不仅仅是"痰气"所为，其他如湿、火、食、血等阻碍气机，也会导致升降失常而出现"壅"的证候；而"宣"法也不仅仅是涌越为宣，其他如开、运、散、发、燥、化、行、吐、利、消、泻等，也都是宣法。

更为可贵的是，李时珍还指出了壅塞之证并不都是实证，久病气机升降无力也可致壅，因此治疗上也要有补有泻，不能用单一的方法进行治疗。这就大大提高了宣剂的临床实用价值。

此外，李时珍对十剂当中的其他九种方法的解释和发挥也基本类似，都是既详细又实用。

可以说，《本草纲目》的医学成就是多方面的，除了以上对十剂的科学解释外，其他方面的成就也十分明显，比如：对铅、汞中毒，一氧化碳中毒的认识；对人体寄生虫病的认识；对蒸气消毒、冰敷退热等一些新医疗技术在临床上的运用；对一些养生保健药品的研究，等等，都达到了相当高的水平，直到现在仍具有重要的参考价值。而其中大量的医学史料、医案医论和临床实用的方剂等，就更加宝贵了。

第十九章　科学贡献

白雪诗歌千古调，清敬日醉五湖船。鲈鱼味美秋风起，好约同游访洞天。

——（明）李时珍

（一）

我们都知道，中药的绝大部分都是植物，而李时珍所著的《本草纲目》中，不仅记载了各种中药植物的药用价值，对各种植物的生长形态、生长过程、种属鉴别、生长习性、地理分布、植物资源、栽培技术、药用价值以外的其他实用价值，以及一些外来植物的传入情况等，都有详细的记载，从而为生物科学、农林科学、植物史学等方面提供了丰富的参考资料。

比如，《本草纲目》中有关于竹子的记载，不仅内容丰富，而且极具实用价值，即使是现代林业科学中专门研究竹子的专家也不得不叹服。

在《本草纲目》的第37卷"竹"条中，李时珍首先提出了竹子的总体分布，即在长江流域及以南地区，尤其以五岭以南的广东、广西等地品种最为繁多。

关于竹子的生长形态和特性等，李时珍观察得也十分详细，指出其

"茎有节，节有枝，枝有节，节有叶。叶必三之，枝必两之"的形态特征，以及六十年一开花，开花结实之后，竹子即行枯死的特性，甚至连竹子地下根的走行方向等，都有详细的记载。

对产于各地的竹子的品种，《本草纲目》中也介绍了不下十几种。比如，产于四川的节短而突的"筇竹"；产于荆南，一尺即有数节的"簹竹"；产于吴、楚，一节有一尺多长，可用来做笛子的"笛竹"；产于严州，株高只有一尺多高的"越王竹"，以及窄叶只有二三分宽的"凤尾竹"，叶宽如芭蕉叶的"龙公竹"，一枝即生百叶的"百叶竹"，丛生不散的"慈竹"，等等。

此外，李时珍还介绍了几种竹子的特殊品种，如普通的竹子是空心的，而滇广一带出产一种实心竹；普通竹子的茎干都是圆的，而川蜀一带出产一种方形的竹子；普通的竹子都有节，而滨州出产一种无节而空心直上的"通竹"；等等。

关于竹子的实用价值，李时珍也进行了详细的交代。比如，李时珍写道：产于永昌的"汉竹"可以做水桶，"棕竹"可以做手杖，"筋竹"可以织布，以及"滑者可以为席"，"劲者可以为戈刀箭矢"，"柔者可以为绳索"，等等。

这些丰富全面的内容，无疑是对竹子进行过细致的研究，同时对后人进行专题研究也具有很高的参考价值。

对于不同植物的鉴别，《本草纲目》中也有很多有价值的记载，而且这些内容大都是李时珍亲自通过对实物的详细观察，反复比较，从实践中得出来的。

比如，对于"萍"和"蘋"的记载，历代本草都说法不一。李时珍根据自己的实际观察和研究，指出了二者的不同。在《本草纲目》的第19卷"水萍"条中，李时珍写道：

本草所用水萍，乃小浮萍，非大蘋也。陶、苏俱以大蘋注之，误矣。萍之与蘋，音虽相近，字却不同，形亦迥别，今厘正之。

……浮萍处处池泽止水中甚多，季春始生，一叶经宿即生数叶，叶下有微须，即其根也。一种背、面皆绿色，一种面青，背紫赤若血者，谓之紫蘋，入药为良。七月采之。

在"蘋"条中，李时珍又写道：

蘋乃四叶菜也，叶浮水面，根连水底，其茎细于莼、荇，其叶大如指顶，面青背紫，有细纹，颇似马蹄决明之叶，四叶合成，中折十字，夏秋开小白花，故称白药。

接着，李时珍又对蘋、莼、荇和萍蓬草四种植物进行了鉴别，他写道：

《韩诗外传》谓浮者为藻，沉者为蘋。臞仙谓自花者为蘋，黄花者为荇。……苏恭谓大者为蘋、小者为荇。杨慎《巵言》谓四叶菜为荇，陶弘景谓楚王所得者为蘋。皆无一定之言，盖未深加体审，唯具纸上猜度而已。

时珍一一采视，颇得其真，云：其叶径一二寸，有一缺而形圆如马蹄者，莼也。似莼而稍尖长者，荇也，其花并有黄，白二色。叶径四五寸如小荷叶而黄花，结实如小角黍者，萍蓬草也。……四叶合成一叶，如田字形者，蘋也。

由以上详细的记述我们可以看出，李时珍做学问十分重视实践，对任何有疑问的地方都会一丝不苟，进行详细的比较，而这些内容对于植物的分类鉴别也具有一定的参考价值。

<h1 style="text-align:center">（二）</h1>

《本草纲目》当中还记载了许多外来植物传入我国的情况。比如，其中记载称：胡萝卜"元时自胡地来"，"今北土，山东多莳之，淮、楚亦有种者"；西瓜，"（胡）峤征回纥，得此种归，名曰西瓜，则西瓜自五代时始入中国，今则南北皆有，而南方者味稍不及"；"南瓜种出南番，转入闽、浙，今燕京诸处亦有之矣"。

至于茉莉，李时珍将其说得更为详细。首先对于这一名称，李时珍就做了细致的考证，故而在《本草纲目》中写道：

> 稻含《草木状》作末利，《洛阳名园记》作抹厉，《佛经》作抹利，《王龟龄集》作没利，《洪迈集》作末丽。盖末丽本胡语，无正字，随人会意而已。

显然，李时珍经过考证认为，茉莉之名开始是以外来语的音译形式出现的。而关于此植物的传入，李时珍记载道：

> 末利原出波斯，移植南海，今滇、广人栽莳之。

又如，对属于稻之一种的"秔"，李时珍又在《本草纲目》中写道：

籼似粳而粒小，始自闽入，得种于占城国，宋真宗遣使就闽取三万斛，分给诸道为种，故今各处皆有之。

占城的故地在今越南的中南部，又叫"占婆"、"占波"。公元9世纪后期，该地获得此名。17世纪末，这里被广南阮氏所灭。这说明，李时珍引用记载的这些资料都是有所根据，比较可靠的。这些记载对于研究我国的科学技术史以及中外经济、文化交流等，都是十分难得的资料。

有关动物学方面的内容，《本草纲目》中也有着丰富的内容。比如，对于蚂蚁的观察，李时珍在其中写道：

蚁处处有之，有大、小、黑、白、黄、赤数种，穴居卵生。其居有等，其行有队，能知雨候，春出冬蛰。壅土成封，曰蚁封以及蚁垤、蚁塿、蚁冢，状其如封、垤、塿、冢也。其卵名蚔，山人掘之，有至斗石者。

又如对于雁的观察，李时珍写道：

雁状似鹅，亦有花、白二色，令人以白而小者为雁．大者为鸿。……雁有四德：寒则自北而南，止于衡阳，热则自南而北，归于雁门，其信也；飞则有序而前鸣后和，其礼也；失偶不再配，其节也；夜则群宿而一奴巡警，昼则衔芦以避缯缴，其智也。

李时珍的这些详细的观察都具有很高的科学价值。而且现代生物学研究也证明，蚂蚁为群体穴居，有蚁王（雌蚁）、雄蚁、工蚁、兵

蚁，其行动都有严格的分工，而民间谚语中"蚂蚁搬家，大雨要下"正是其"能知雨候"的表现。

大雁是一种候鸟，它能根据气候的寒温变化年年南来北往，活动很有规律，夜宿有岗哨，配偶终生不变。这与李时珍当时的观察也完全都是一致的，为后人进行生物研究提供了有效的价值。

（三）

在其他自然科学领域中，《本草纲目》也提供了许多具有实用价值的科学知识。比如，对石油的出产和特性，《本草纲目》第九卷"石脑油"条记载：

> 石油所出不一，出陕之肃州、鄜州、延州、延长，广之南雄，以及缅甸者，自岩石流出，与泉水相杂，汪汪而出，肥如肉汁，土人以挹入缶中，黑色颇似淳漆，作硫、雄气。土人多以燃灯，甚明，得水愈炽，……其烟甚浓。

另外，书中还记载有从地下掘出的石油：

> 国朝正德末年，嘉州开盐井，偶得油水，可以照夜，其光加倍，沃之以水则焰弥甚，扑之以灰则灭。……此亦石油，但出于井尔。盖皆地产硫、雄、石脂诸石，源脉相通，故有此物。

这说明，李时珍当时已经认识到了石油的广泛存在，并提示了石油矿藏与硫黄、雄黄、石脂等矿藏的相关性。

又如有关矿物学中矿产的分布及采矿方法，李时珍也授引古代资料，指出植物的生长特点与地下矿藏的关系。在《本草纲目》"铅"条中，他引用《地镜图》说：

　　　　草青茎赤，其下多铅。

　　"金"条中引《地镜图》中写道：

　　　　山有薤，下有金。

　　"银"条中写道：

　　　　山有葱，下有银。

　　这些提法虽然不一定完全准确，但类似的现象已经被现代科学探索所证实。比如，在地下矿藏铅、锌丰富的地方，普通的罂粟花会变成重瓣。因此，《本草纲目》中提到的这些线索很值得现在的科技工作者进行参考和进一步探讨。

　　又如对于煤的认识，《本草纲目》卷九"石炭"条记载：

　　　　石炭，今俗呼为煤炭……南北诸山产处亦多，昔人不用，故识之者少，今则人以代薪炊爨，锻炼铁石，大为民利。

　　关于煤的产地，李时珍又写道：

燕之西山，楚之荆州。兴国州，江西之庐山。袁州、丰城、赣州，皆产石炭。

在物理学方面，李时珍还认为，夜晚野地或丛林中的鬼火是一种磷光，"野外之鬼磷，其火色青，其状如炬，或聚或散，俗呼鬼火，或云诸血之磷光也"，从而打破了神鬼迷信的说法。

在化学方面，李时珍还认识到"以醋制铜生绿"的现象，其实就是人工制做醋酸铜的一种方法。

在天文方面，李时珍提出了"星陨之为石"'，"星精"为"飞火"（陨石坠落时的燃烧现象）的科学见解。

此外，李时珍还否定了关于"月宫"的神话，认为月中无"桂"，指出"月乃阴魄。其中婆娑者，山河之影尔"。在几百年以前，既无天文望远镜，更不可能登上月球的情况下，李时珍能够认识到月亮中的暗影为"山河之影"，可见其知识的广博。

除了医药及博物学知识以外，《本草纲目》中还蕴藏着大量的人文科学内容，诸如历史、地理、语言、文字等等，因此，它的文献史料价值也是后人不能忽视的。

当然，《本草纲目》同任何其他的任何一部著作一样，由于受到当时历史条件和科学水平的限制，存在着一些错误或不科学的东西，但与它的伟大成就及实用价值比较起来，这些实在显得微不足道。

第二十章 永垂后世

五湖点缀自神通，题品吟坛动钜公。犹写花笺寄姚浙，画梅诗句冠江东。

——（明）李时珍

（一）

李时珍一生都在积极从事科学实践，并且一心一意为民治病、为民造福。他死之后，乡亲们无不为之悲泣惋惜。为了表示对李时珍的怀念，他们专门为李时珍和他的儿子李建中、李建木、孙子李树初四人合建了"四贤坊"，祀于当地的乡贤祠，坊表上刻着"六朝文献，两镇干城"的赞语。

到了清代，官方编修的《黄州府志·李时珍家传》中详细地记载了李时珍及其子孙的事迹。明末清楚文学家，蕲州顾问的后人顾景星，还专门撰写了《李时珍传》，赞颂李时珍"下学上达""乐道遗荣"。《明史·李时珍传》中则记载，《本草纲目》刊行之后，"自是士大夫家有其书"。由此也可以看出李时珍及其《本草纲目》所产生的巨大影响力。

由于李时珍精湛的医术，生前医好了数不清的病人，在他死后，便流传着各种传说，对李时珍备加赞扬，充分表达了群众对李时珍的怀念之情。

在顾晨星所著的《李时珍传》中，便记载着李时珍出生时有"白鹿入室，紫芝产庭"的瑞兆，在蕲州民间也流行着一种类似的传说。传说李时珍的母亲张氏太夫人在即将分娩之时，李时珍的父亲李言闻十分高兴，提前将屋子里收拾得干干净净，让妻子在舒适的环境中静卧生产，并嘱咐她不要紧张。

随后，李言闻便伏在堂屋的桌子上休息，由于疲劳，一会儿就睡着了。这时，李言闻做了一个梦，梦见一只活泼可爱的小白鹿，嘴里衔着一棵颜色深紫、云纹密布的大灵芝草，迎面向他跑来。他正在惊喜之际，一阵婴儿的啼哭声忽然将他从梦中惊醒。

这时，产婆出来向他贺喜，告诉他夫人生了一位公子。李时珍的父亲满怀喜悦，进屋对妻子讲述了他刚才在梦中所见的情景。夫人听了，更是惊喜不已，认为这是一种吉兆，这孩子长大后，可能会成就一番大事业。

李时珍精湛的医术，也是民间所津津乐道的。李时珍无论走到哪里，哪里的人都想一睹这位神医的风采，患病的人想找李时珍诊病，没患病的人也想见识一下这位神医。

有一次，一位药店老板的儿子正在柜台里面大吃大喝，听说神医李时珍来了，就急忙从柜台上翻身跳过来，挤到人群中间去看热闹。他自恃身体健康，看到李时珍正在为旁边的人号脉看病，就走上前去问道：

"李大夫，你看我有病吗？"

李时珍抬头一看，见这个人气色不好，便急忙为他诊脉，随后摇摇头说道：

"小兄弟，真是太可惜了，你年纪轻轻，却活不过三个时辰了。请你赶快回家去吧，免得家里人还要派人过来抬尸。"

药店老板的儿子一听，气得七窍生烟，破口大骂道：

"你这庸医，难道是在咒我死吗？我听说你是神医，才过来问问你，没想到你居然这么胡说八道。我刚才都能喝半斤酒，吃四大碗饭，并且能纵身跳上柜台，还能翻身下来，怎么就活不过三个时辰呢！"

众人听了，也觉得李时珍的话不可信，一个个面面相觑，不知究竟。李时珍见药店老板的儿子如此说话，也就不再理会他了。

让众人没想到的是，不到三个时辰，药店老板的儿子果然倒在地上，死了。

众人一见，都纷纷过来问李时珍这是什么原因。李时珍说：

"他刚才吃饭过饱，在从柜台上纵身跳下时，将肠子震断了，导致内脏受损，面部气色变紫。而肠子断后，内脏受损，根本无法医治，所以很快便死了。"

（二）

李时珍同情广大贫苦人民，为老百姓治病时，继承了他父亲李言闻的医德，有钱的给治病，没钱的他也照样给治病。但对那些欺压百姓的贪官污吏，他就没那么热心了。

一年除夕，李时珍刚从武当山采药回来，还没等歇脚，门外就有人高声喊道：

"李时珍在家吗？"

李时珍以为是老百姓找他看病，他一向热心救死扶伤，随叫随到，因此这时也不顾上周身疲乏，急忙将门打开，没想到眼前站着的却是州官的差役马三。

这马三平时就狗仗人势，做尽坏事，那州官也是个经常欺压百姓、无恶不作的家伙。李时珍一看到他们，顿时没了好脸色，冷冷地说：

"马大人来此，不知有何指教？"

马三傲慢地说：

"州太爷让我来传唤你，不说你也该知道。"

李时珍又问：

"难道州太爷患了什么病吗？"

马三说：

"州太爷身体好得很，怎么能患病呢？"

李时珍一听，厌恶之心顿起。他讥讽地问道：

"那么，太爷是想从我这里得到长生不老的药方吧？"

马三点了点头，说：

"正是。李时珍你还真是个名不虚传的神医，一下子就猜中了。那就请你快点，我们太爷正等着你呢！"

李时珍一听，心中很不耐烦，心想这世上哪有什么长生不死之人，况且像你们这种净干缺德事的贪官污吏，只该短命早死，岂有长寿之理！但他嘴上又不好说出来，想了一会儿，便对马三说：

"这长生不老之药，据说是有的，但我也只是听说，却没有实际的把握。不过这些药都很难找，如果你能找到，就按法服用。这样吧，今天是除夕之夜，我实在走不开，因为我全家人都要过年团聚。我给您开个处方，您带回去给州老爷交差。"

说罢，李时珍回屋提起笔来，写了一个方子交给马三带回去。

州官听马三说带回了李时珍开具的长生不老药方，急忙打开来看，只见上面写着：

"千年陈谷酒，万载不老姜，隔河杨搭柳，六月瓦上霜，连服三万七千年。"

州官一看，顿时气得暴跳如雷。这方子上的任何一条都无法实现，这哪里是什么药方，明明就是羞辱州官的。李时珍本来就憎恨那些所谓的长生不老的方术，正好乘此机会给了州官一个教训。

对那些百姓所痛恨的人，李时珍从不趋炎附势。一天，两个官差来请李时珍前去为县官苟步云看病。这苟步云是蕲州一霸，百姓都对他恨之入骨。

李时珍来到县衙后，苟步云躺在床上，李时珍为其切脉后，说道：

"大人六脉正常，并无其他疾病，只是身体肥胖，这样下去将来一定会有不测。"

县官懒洋洋地说道：

"只要你能把我的病治好，你要金有金，要银有银，我能满足你的任何要求。"

李时珍回答说：

"我为人治病，向来不收取多余的报酬。我只要求病人能严格按照我的处方治病就行。"

县官说：

"那你就开处方吧，我一定按照要求去办。"

李时珍沉思了一会儿，说道：

"我所开具的处方，一不用服药，二不用扎针，只有三个要求，希望您能办到。第一，不吃鱼，不吃肉；第二，每天步行三十里，到民间百姓那里走一走、看一看；第三，用高价收购劳苦农夫、车夫、轿夫、渔夫的破毡帽，然后烧成灰，与蜂蜜一起煎熬成明芝明膏（意为民脂民膏），每天坚持服用。"

县官一听，明知李时珍在指责和讽刺他，但也无可奈何，只好哼哼哈哈地把李时珍打发走了。

（三）

在封建社会中，许多医药良方都被蒙上了一层荒诞无稽的迷信色彩，或借口鬼使神差，或说是梦授仙传，致使一些治疗疾病的良方半真半假，玉石难分。

李时珍对此实事求是地进行了科学的分析，剥去其封建迷信的外衣，保留其科学的内容，表明了它的实用价值，并从医学上予以合理的解释，阐明了治病的道理，使所谓的仙方神药变成为切合病情的良方妙药，并在《本草纲目》一书中记录下来，流传于世。

比如，古书中记载了一则药方，说：张甲与司徒蔡谟是亲戚。一天，蔡谟在白天梦见张甲对他说：

"我忽然得了暴病，心腹疼痛，腹部胀满也吐不出来，这种病叫做霍乱，只有用蜘蛛，将蜘蛛的脚去掉后吞服才能治好。可惜，人们都不知道，我也是死去后才知道的。"

蔡谟醒来后，就去打听张甲的消息，发现张甲果然已经死了。后来，蔡谟就用这种方法治疗霍乱，果然十分灵验。

对于这样一则离奇古怪的小故事，李时珍作了中肯的分析。他说：

"这则故事虽然离奇，但符合唐注治疗霍乱的说法，其药方也是正确的。因为吞食蜘蛛后能让人肠胃畅通。而鬼魂托梦一事，纯属无稽之谈，不堪一驳。"

李时珍虽然不信奉鬼神之事，但却能在这鬼神梦授的药方中沙里淘金，凿石取金，求得治病的良方。

对于传闻中所提到的仙药石芝，李时珍经过考察后得出了这样的结论：

"这种所谓神仙的药，的确是存在的，但石芝其实就是石桂枝。"

李时珍力辟各种讹传怪论，对于历代本草中流传的荒诞不经的奇谈怪论，往往都会一针见血地直斥其非，从而使后人知所取舍，不至盲从。

关于李时珍在民间的传说故事还有很多，内容虽然不一，却都是对李时珍的赞颂，这也充分说明李时珍在老百姓心目中的重要位置。而他所著的《本草纲目》，也的确是一部中医药学的宝典，是一本治病救命、造福万代的好书。

自从胡承龙的金陵本刻印刊行之后，《本草纲目》很快得到普及，并相继出现了许多刻本，如明代江西的夏良心刊本（1603），董其昌的湖北刊本（1606），清代合肥的张绍棠刊本（1885），以及后来的许多石印本、覆刻本等，总计约有60多种版本相继问世。

中华人民共和国成立后，人民群众对这位伟大科学家的崇敬和怀念之情更是有增无减。为此，人们重新修缮了李时珍的墓地，并在墓地的周围增建了李时珍纪念亭、纪念碑和纪念塔等，还雕塑有李时珍像，并先后将其墓地列为湖北省及全国重点文物保护单位。

在李时珍墓地的陵园内，人们专门开辟了药园，以种植各种名贵的中药材；还设立了李时珍纪念馆，陈列李时珍的著作、诗文及名人题词等。而李时珍的事迹在各种报刊和书籍中也被广泛介绍，广播、电影、电视中也广为宣传。他的著作，尤其是《本草纲目》一书，更是多次被整理出版，以供人们学习和研究。

为纪念伟大的医药学家李时珍，原中国科学院院长郭沫若先生，在李时珍的墓碑上这样写道：

> 医中之圣，集中国药学之大成；《本草纲目》乃一八九二种药物说明，广罗博采，曾费三十年之殚精。造福生民，使多少人延年活命！伟哉夫子，将随民族生命永生。

李时珍刚出道行医时，运气不济，虽然病人不少，但疗效总是欠佳，尽管李时珍诊治疾病时小心翼翼，但仍然磕磕绊绊。有一次，李时珍治疗一个脾胃虚弱的病人，为了小心谨慎，给他仅开了一包甘草粉，嘱其回家拌饭服。但未想到患者在回家的途中买了一碗面条，当时因为没有筷子，患者就随手在路边折了两根小棍当筷子将面条吃了，同时，药也吃了，结果回家没多久就死了。原来，这名患者随手在路边折的是甘遂的茎，甘遂反甘草，吃了就会死人。出了这件事后，李时珍感慨不已，以后诊治疾病更加小心。

第二十一章 享誉海外

老去自添腰脚病，山翁服栗旧传方；客来为说晨兴晚，三
咽徐收白玉浆。

——（明）李时珍

（一）

李时珍学识渊博，著述宏富，不仅为我国医药学的发展做出了重大
贡献，对世界自然科学的发展起了巨大的推动作用，对世界医药学、
植物学、动物学、矿物学、化学的发展也产生了深远的影响。而他所
著的《本草纲目》，更是被誉为"东方医药巨典"，与《天工开物》
《农政全书》并称为明代三大科技著作，成为我国科技史上的重要代
表作品。

《本草纲目》问世以后，不仅在我国国内广泛流传，受到重视和欢
迎，成为"士大夫家有其书"的流行著作，更随着中外商业贸易及来
华学者和传教士的往来，很快传到海外，并引起广泛重视。

《本草纲目》最早在国外的流传，是东方的日本、朝鲜、越南和印
度等国。由于具有共同的东方文化特征，这些国家是将《本草纲目》
作为一部医药著作来进行翻印、翻译、学习和研究的，这与西方国家

从自然科学的矿物学、生物学等角度研究《本草纲目》有所不同。

日本庆长十二年（1607），学者罗林山首先从日本长崎得到了《本草纲目》一书，至宽永十四年（1637）就开始翻刻此书，并在此后的70余年间多次翻刻，其翻刻的次数甚至超过了当时的中国。

1699年，《本草纲目》开始出现日文翻译本，书名为《图画和语〈本草纲目〉》（节译本），翻译者为日本的冈本为竹。

1783年和1929年，日本又先后出版了影响最大的由小野兰山译成的《本草纲目说》和由白井光太郎依照"金陵本"翻译的《国译本本草纲目》两部大部头豪华本。

此外，他们还陆续出版了许多简编本和改编本，使《本草纲目》成为对日本影响最大的本草著作。

在日本江户时代（1603—1868）的二三百年间，《本草纲目》更是普遍受到医药学者的重视而开始被广泛学习和研究，还形成了不同的本草学派，出现了许多著名的本草学专家和很有价值的本草学著作，同时《本草纲目》也成为日本学者开展医学研究以及医疗实践的重要知识源泉。

京都学派的创始人稻生若水，一生从事《本草纲目》的研究，并将此书作为教材为学生们授课，他所著的《本草图卷》就是参照《本草纲目》写成的。

江户学派的贝原笃信，在深入研究《本草纲目》的基础上，对日本本地的药物也进行了广泛的实地考察，最终写成了很有影响的本草学巨著《大和本草》。

由于这些人对《本草纲目》和本草学的深入钻研和创造性发展，形成了江户时代日本本草学各学派之间争鸣的鼎盛局面，从而在很大程度上促进了日本古典本草博物学向近代科学的过渡。为此，上野益三

在《日本博物史》中写道：

> 像《本草纲目》这样一部有关药物的书，还富有博物学内容，在整个江户时代，它是我国本草博物学者们的很重要的参考书。它代替了中世纪以来的《证类本草》，其影响力延至两个半世纪的长时间内，对我国本草学以至博物学的发展，做出了极大的贡献。

而现代日本科技史家矢岛祐利对《本草纲目》也有着极高的评价，他说：

"《本草纲目》刊行不到二十年，就已经在庆长十二年传入我国。它支配了我国江户时代的本草学、博物学界，其影响更远及至19世纪末叶。"

（二）

朝鲜对《本草纲目》的研究也较早，1613年就已出版了该书的简编本，以后又陆续有多种版本传世。而正式建于朝鲜历史记载的，是在李朝肃宗三十八年（1712），自此以后，《本草纲目》就成为朝鲜医药学家的重要参考书。

朝鲜人所编著的不少医药学著作，如康命吉编写的《济众新编》，黄度渊编写的《附方便览》，李景华编写的《广济秘方》和《本草精华》等书，都在一定程度上引用或依据了《本草纲目》的有关内容。

不过，《本草纲目》向西方国家流传得较晚，其流传途径大多是通过西方来华的传教士和驻华使馆人员作为传递媒介的。1659年，波兰人卜米格首先将《本草纲目》译成了拉丁文，开创了欧洲人研究该书的先河。后来，该书又被陆续译成法文、德文、英文等众多版本，风行世界，成为国际科学研究的重要参考文献。

对于西方人来说，由于他们原已具有了与中医药学完全不同的医学体系，因此，他们对《本草纲目》的兴趣首先源于书中那广泛、丰富的矿物学、植物学和动物学等内容。

1732年，在华的法国传教士范德蒙德首先将《本草纲目》中矿物药部分的有关内容摘录下来，译成法文，然后连同一部分矿物标本带回法国。后来，这份译稿在19世纪末以《中国之石》为名，发表在《古今之石》一书当中。

1735年，法国出版了《中华帝国全志》。这是一部全面介绍中国情况的大型学术著作，其中的第三卷为"节录《本草纲目》"。虽然这只是《本草纲目》的一个节译本，但也让欧洲人第一次看到了《本草纲目》的概貌，其中的许多知识也令西方人耳目一新。

后来，《中华帝国全志》又以《中国通史》为名，被译成英文，在英国伦敦出版。

此后，该书还以《中华帝国及华属鞑靼全志》为名，被译成德文，在德国出版。

1882年，俄国驻北京使馆医师布米希德详细地研究了《本草纲目》，并把其中的植物药358种全部收入他的著作《中国植物》当中，这对该书内容在俄国的传播起到了积极的作用。

欧洲的科学家除了参考《本草纲目》对中国本草学进行文献研究外，还用实物标本结合文献记载进行化学分析、植物分类、药物栽培、有效成分提炼及实验等实际研究，从而把本草学的研究推向了新的水平，促进了近代药物学、植物学、药物化学和制药学等学科的发展。

在这些研究成果当中，法国里佛的《中国人所用某些本草药物的说明》，德彪的《论中国药物学和本草学》，巴黎药学院教授苏贝朗与法国驻华领事合作编写的《中国本草》，英国皇家学会会员韩伯里的《药物学与植物学论文集》，医生史密斯所写的《中国本草学及博物学之贡献》，俄国医学博士塔塔林诺夫的《中国医学》，俄国驻华使馆的医官贝勒的《中国植物志：中国土产及外来植物随笔》等，都是研究中国医药学比较著名的科学论文和学术著作。而这些著作，在很大程度上都借鉴了李时珍《本草纲目》中的内容。

（三）

到了19世纪中期，英国生物学家达尔文首次接触到200多年前李时珍所编写的《本草纲目》，并读完了其中的部分章节。

读完这些内容后，达尔文像哥伦布发现新大陆一样惊喜，将这部书称为"古代中国的百科全书"。达尔文的《金鱼饲养》一文，便取材于《本草纲目》及郎瑛的《七修类稿》等书。由此可见，达尔文在研究动、植物家养下的变异和人工选择等问题时，都曾从中、英文文献中直接或间接地引证过《本草纲目》，并从这里找到了他的学说得以建立的历史依据。

20世纪初，美籍德裔汉学家劳费尔（1874—1934）于1919年发表了《中国伊朗编》。在这部书中，李时珍的《本草纲目》被用来研究栽培植物史及中国伊朗文化交流史。在该书的序言中，劳费尔说他在研究过程中参阅了"李时珍在公元1578年所完成的那部包罗万象的有名的《本草纲目》"，并非常可观地评价该书道：

> 尽管这本书有许多错误和不正确的引证，但它仍然不失为一部不朽的巨著，学识很渊博，内容充实。

著名科学史家李约瑟在他所著《中国科学技术史》第一卷中也写道：

明代最伟大的科学成就，就是李时珍那部在中药书中登峰造极的《本草纲目》。……16世纪中国有两大天然药物学著作，一是世纪初（1505）的《本草品汇精要》，一是世纪末（1595）的《本草纲目》，两者都非常伟大，……至今，这部伟大的著作仍然是研究中国文化中的化学史和其他各门科学史的一个取之不尽的知识源泉。

在明朝时期，李时珍在与伽利略、维萨里的科学活动完全隔绝的情况下，可以在科学上取得如此辉煌成就，这是十分可贵的。为此，李时珍也得到了世界人民的赞许和怀念，莫斯科大学的礼堂长廊里，便端放着李时珍的大理石雕像。

1951年，在奥地利首都维也纳举行的世界和平理事会上，李时珍被列为古代世界名人。至今，在英国、日本、俄罗斯等国家的一些大学里，也巍然屹立着李时珍的塑像，与西方著名的科学家伽利略、达尔文、牛顿这些科学巨匠的雕像立在一起。

由此我们也可以看出，李时珍与他历经千辛所编著的《本草纲目》，已经受到世界人民的重视和爱戴。作为中外文化交流的纽带，《本草纲目》的价值也已远远超越了国界和医学的范围，从而成为全人类共同的财富。

李时珍生平大事年表

公元1518年　李时珍出生在湖广黄州府蕲州（今湖北省蕲春县蕲州镇）东门外瓦硝坝一个医生家庭。

公元1523年　李时珍开始读书识字。

公元1524年　在私塾中读书，聪颖好学。

公元1530年　准备参加次年的科考。

公元1531年　参加由蕲州知府选送黄州府应科试，中秀才，取得进入府、州、县儒学的生员资格。

公元1533年　刻苦攻读四书五经，认真练习八股文和律诗，准备参加来年的"乡试"。

公元1534年　参加"乡试"落榜。

公元1535年　继续苦读，准备三年后再次应试。

公元1537年　第二次赴武昌应乡试考举人，再次落第。与吴氏女子结婚。

公元1538年　承父命，仍发愤攻读经史，准备再试。寒窗苦读，致使身体虚弱，患咳嗽，转为骨蒸病，卧床月余，几乎死去。幸好父亲精心治疗，转危为安。

公元1540年　第三次赴武昌应乡试，仍然名落孙山。得父亲同意，不再应试，转而跟随父亲学习医学。

公元1541年　跟随父亲学医，同在蕲州玄妙观为百姓看病，闲暇时刻苦研究医学著作。

公元1544年　李时珍一面行医，一面钻研医学著作，史称李时珍"读书不治经生业，独好医书"。

公元1545年　蕲州连发大水，瘟疫流行，官府不顾百姓死活。李时珍父子发扬高尚医德，精心为百姓治病，史称"千里就药于门，立活不取值"。

公元1546年　医术高明，深得百姓爱戴，地方人士对其也刮目相看，故而经常出入于蕲州顾、郝等豪门，受到尊敬，与郝家交往颇深，并阅读郝家大量医药典籍。

公元1549年　大量阅读本草著作，不断发现旧本草之中存在的缺点和错误。

公元1550年　经过十年苦读，刻苦钻研医学典籍，立下宏愿，重修本草，造福人民。

公元1551年　开始重修本草的准备工作。约在此年前后，收庞宪为徒。

公元1552年　正式编纂《本草纲目》，首先考虑按《通鉴纲目》体例重新建立分类原则。

公元1554年　为修订本草准备第一手资料，继承父亲写《蕲艾传》《人参传》的经验，对蕲州名贵药材蕲蛇进行实地考察，写成《蕲蛇传》。

公元1555年　因医术精湛，被楚王请入楚王府，并任其为奉祠所的奉祠正，兼管良医所事。

公元1556年　楚王酷爱炼丹，宠信道士，李时珍为此经常与道士发生争执，无法施展精湛医术，只好去武昌蛇山观音阁为百姓义务治病，并向百姓寻方问药，继续从事医药研究。

公元1558年　朝廷令地方举荐名医入太医院补缺，经楚王推荐，李时珍进入北京太医院。

公元1559年 因不受重视，托病辞官，离开太医院，返回家乡。

公元1560年 居家编撰《本草纲目》，同时总结自己的医学心得，写医书、脉学著作。

公元1561年 在雨湖北岸红花园筑新居，自此，李时珍别号"濒湖山人"。

公元1564年 脉学专著《濒湖脉学》写成。长子李建中中举。

公元1565年 不辞劳苦，外出查访药物，弟子庞宪和次子建元随行。此后三四年间，李时珍经常在外，足迹遍布湖广、江西、安徽、江苏等地，所到之处向药农、药商、农夫、樵夫、渔翁、矿工等询问各方面药物知识，并亲自采摘尝试，随手记录，带回标本，为《本草纲目》收集资料。

公元1572年 著成《奇经八脉考》。

公元1573年 编撰《本草纲目》已进入完成初稿阶段，先后查阅前人药物学著作800余种。

公元1574年 居所馆，反复修改《本草纲目》初稿。

公元1577年 进行《本草纲目》的定稿工作。

公元1578年 《本草纲目》编撰完成。编写过程中，"三易其稿"，历时27年。

公元1579年 李时珍前往黄州、武昌等地联系《本草纲目》刻印之事，但没有结果。

公元1580年 前往南京联系刻书之事，并曾前往江苏太仓访问学术界著名领袖王世贞。王世贞曾任湖广按察使，此时已罢官居家，与李时珍相谈甚欢，并欣然同意为《本草纲目》写序。

公元1582年 南京无人愿意刻印《本草纲目》，李时珍失望而归，从此晚年居家，继续行医看病。

公元1584年 刻书之事渺茫，李时珍心情沉重，身体渐衰。

公元1587年 为纪念七十寿辰，李时珍自纪《所馆诗集》。长子建中从四川回家，全家团聚。

公元1590年 完稿12年的《本草纲目》终于在金陵藏书家胡承龙的支持下开始刻版。

公元1593年 一代医学巨匠李时珍病卒于家，临终前仍未见到刻印的《本草纲目》。他去世后三年，即1596年，次子建元将出版的《本草纲目》进献给明神宗。